DAS BERLINER SCHLOSS

Hartmut Ellrich

DAS BERLINER SCHLOSS

Geschichte und Wiederaufbau

MICHAEL IMHOF VERLAG

Oberhofbaurat Albert Geyer (1846–1938) – dem Architekten, Chronisten, Mitglied und letztem Direktor der Schlossbaukommission anlässlich seines 70. Todestages gewidmet.

Mein Dank gilt folgenden Bildleihgebern:
Wilhelm v. Boddien / Förderverein Berliner Schloss, Michael Imhof

Abb. 1 (S. 1) – Das Berliner Schloss vom Turm des Roten Rathauses, 1891. Das Gebäude, das zu den „hervorragendsten europäischen Residenzbauten" (Hinterkeuser, Das Schloss) gehörte, vereinte Bauteile von der Gotik bis zum Historismus und bildete ein längliches Viereck von 166 Metern Länge (Schlossplatzseite) und rund 115 Metern Breite bei einer Höhe von 34 Metern bis zur Balustrade.

Abb. 2 (S. 2) – Das Große Treppenhaus im Spreeflügel bildete den Hauptzugang des Schlosses. Andreas Schlüter (1662/1664–1714), zu dessen bedeutendsten Schöpfungen dieser Raum gehörte, hat es meisterhaft erst nachträglich in den bestehenden Bau integriert, indem er zwei getrennte Treppenrampen, davon eine zum Reiten, die andere (Foto) zum Gehen in einem gemeinsamen Treppenhaus vereinte und um einen durch zwei Geschosse reichenden Mittelraum legte. Beide Treppen endeten im zweiten Obergeschoss im Schweizer Saal und erschlossen elegant die Paradekammern.

Titelbild: Derzeit noch Vision – Schlossbrücke und Schloss mit Eosanderportal und Stülerscher Kuppel im Sommer 2015.
Rückseite: Blick zum Portalrisalit I nach Süden. (Computeranimation)

Bildnachweis
Förderverein Berliner Schloss: Einband (Titel und Rücken); 35, 63, 64 (unten), 71, 74, 75 (rechts), 76, 190–199
Alle übrigen: Michael Imhof Verlag und Autor

© 2008 Michael Imhof Verlag GmbH & Co. KG
Stettiner Straße 25, D-36100 Petersberg
Tel. 0661/9628286; Fax 0661/63686
www.imhof-verlag.de

Gestaltung und Reproduktion: Michael Imhof Verlag
Druck: Fuldaer Verlagsanstalt, Fulda

Printed in EU

ISBN 978-3-86568-397-7

INHALT

Vorwort 7

Das Berliner Schloss – Chronologie 9

Das Schloss inmitten der Stadt 35
   Kurfürstenbrücke und Schlossplatz 35
   Reiterdenkmal des Großen Kurfürsten .. 36
   Neptunbrunnen 38
   Der Neue Marstall 40
   Die Schlossfreiheit 40
   Das Nationaldenkmal Kaiser Wilhelms I. ... 43
   Die Schlossbrücke 44
   Der Lustgarten 46
   Der Dom 53
   Kavalier- und Kaiser-Wilhelm-Brücke 56

Der Außenbau 59
   Die Spreefassade 60
   Die Schlossplatzfassade 63
   Der Kleine Schlosshof (Schlüterhof) 66
   Das Quergebäude 69
   St. Georg im Großen Schlosshof............. 71
   Die Westfassade mit Eosanderportal 73
   Die Lustgartenfassade 76
   Die Hofapotheke 78
   Das Münzturmprojekt 82

Die Innenräume:
Das zweite Obergeschoss.......................... 84
Die Paradekammern 85
   Großes Treppenhaus 86
   Schweizer Saal 89
   Rote Kammer/Drap d'or-Kammer 91
   Rittersaal 94
   Schwarze-Adler-Kammer 99
   Rote Samtkammer................................. 101
   Kapitelsaal 102
   Bildergalerie.. 105
   Königinzimmer 108
   Weißer Saal 109
   Schlosskapelle 112

Die Kurfürstenkammern 114
   Brautkammer 114
   Chinesisches Kabinett 117

Die Braunschweigische Galerie 119
   Ehemalige Kapelle der Kurfürstin 120

Die Elisabeth-Kammern 122
   Elisabeth-Saal 122

Die Prinzess-Marie-Kammern................... 124
   Mittelzimmer... 124

Die Innenräume:
Das erste Obergeschoss 127

Die Königskammern 128
    Thronzimmer 129
    Großer Säulensaal 131
    Parolesaal / Schadowsaal 133
    Speisesaal 135
    Grüne Französische Kammer 136
    Konzertzimmer 137

Die Wohnung Königin Friederikes 140
    Pfeilersaal 140
    Marmorsaal 142

Die Wohnung König Friedrich Wilhelms IV.
und Königin Elisabeths 143
    Erasmus-Kapelle 144
    Schlafzimmer Königin Elisabeths 146
    Wohnzimmer Königin Elisabeths 148
    Teesalon Königin Elisabeths 148
    Sternsaal 149
    Die Kaiserliche Wohnung 151
    Arbeitszimmer Kaiser Wilhelms II. 152
    Speisesaal 154
    Die Hausbibliothek 155
    Der Alabastersaal 156

Die Innenräume: Das Erdgeschoss 159
    Die Mecklenburgischen Kammern 160
    Die Staatsratsräume 161

Das Schlossmuseum 164
    Historische Wohnräume 164
    Sammlungen des Kunstgewerbe-
    museums 167

Vom Untergang zum Wiederaufbau 169
    Die Zerstörung des Schlosses im
        Zweiten Weltkrieg 169
    Das Schloss als Filmkulisse 1949 174
    Der Untergang des Schlosses 175
    Der Aufmarschplatz 179
    Das Projekt des „zentralen Gebäudes" 180
    Der Marx-Engels-Platz 182
    Visionen für die Mitte Berlins 184
    Das Humboldt-Forum 190

Literaturverzeichnis 201
Register 202

Vorwort

Wohl an keiner anderen Stelle Berlins wurde in den letzten Jahren so leidenschaftlich über die Zukunft des Baugrundes debattiert wie auf der Spreeinsel zwischen Schlossplatz und Lustgarten, Spree und Spreekanal. Der 1973 bis 1976 auf dem Baugrund des ältesten Teils des einstigen Berliner Schlosses erbaute „Palast der Republik" konnte auf Dauer nicht befriedigen. Zudem hatte das DDR-Parteiforum aus Volkskammer und Staatsrat nach 1989 seinen Sinn verloren. Als Platzraum vermochte der Ort jedoch auch zuvor nicht zu überzeugen, war ihm doch mit der Sprengung des Schlossesgebäudes 1950 sprichwörtlich die „Seele" abhandengekommen. Das Hohenzollernschloss lag inmitten der Stadt, war mit ihr historisch und architektonisch verwoben. Die Architektur des Schlosses stand mit der umgebenden Bebauung im Dialog: die gewachsene Spreefassade mit der ehedem mittelalterlichen Bebauung des alten Berlin, die Straße „Unter den Linden" als Verbindung des Schlosses mit dem Tiergarten, der Portalrisalit II mit der Breiten Straße und ganz besonders die Lustgartenfront, in deren oberstem Geschoss sich einstmals die Kunst- und Wunderkammer befunden hatte, die zum Ausgangspunkt der nördlich gelegenen Museumsinsel wurde. Die höfischen Gebäude wie der Marstall hatten überdauert – allein das Herz, der Bezugspunkt war zerstört und durch die Sprengung ein halbes Jahrtausend Geschichte ausgelöscht. Der neue Baukörper mit seinen wieder entstehenden barocken Fassaden kann sich der Geschichte nur annähern. Seine äußere Erscheinung wird jedoch, dank der Entscheidung des Bundestages von 2002, in jedem Fall die Wunde in der Stadtgestalt heilen helfen, die dort über ein halbes Jahrhundert hinweg klaffte. Wenn nun demnächst die letzten oberirdischen Reste des Palastes der Republik verschwunden sein werden, rückt die Bebauung des Schlossterrains mit ihren historisch getreuen Fassaden in greifbare Nähe. Dies ist ein Grund mehr zurückzublicken auf die Geschichte des Schlosses, seine äußere und innere Architektur, sein Umfeld, seine Zerstörung und bewusste Schleifung. Das Buch zeigt den Verlust ebenso wie die Vision des künftigen „Humboldt-Forums", dass die Chance bietet, Altes und Neues nicht nur äußerlich miteinander zu verbinden.

Portal I nach der Sprengung am 29. Oktober 1950. Das 1701 nach Plänen Schlüters erbaute Portal hatte die Kriegszerstörungen bis auf einige Balustradenfiguren nahezu unbeschädigt überstanden.

Das Berliner Schloss — Chronologie

Kurfürst Friedrich II. „der Eisenzahn"
(1413/1440–1470/1471)

1443 Baubeginn des Schlosses unter Kurfürst Friedrich II. mit der Grundsteinlegung am 31. Juli; der Protest der Berlin-Cöllnischen Bürgerschaft gegen den Schlossbau in Cölln bleibt erfolglos

1447/48 Ausbau Berlins zur fürstlichen Residenz

1451 bezieht Friedrich II. das fertig gestellte Schloss

1454 Weihe der Erasmus-Kapelle als Schlosskapelle

1465 wird die Erasmus-Kapelle zur Kollegiatskirche erhoben

1470 wird das Schloss ständige kurfürstliche Residenz

Albert Geyer (1936): Rekonstruktionszeichnung der Schlossanlage Kurfürst Friedrich II. „Eisenzahns". Dieses erste, 1443 bis 1451 erbaute Schloss ließ Joachim II. 1538 zu Gunsten eines Neubaues abbrechen.

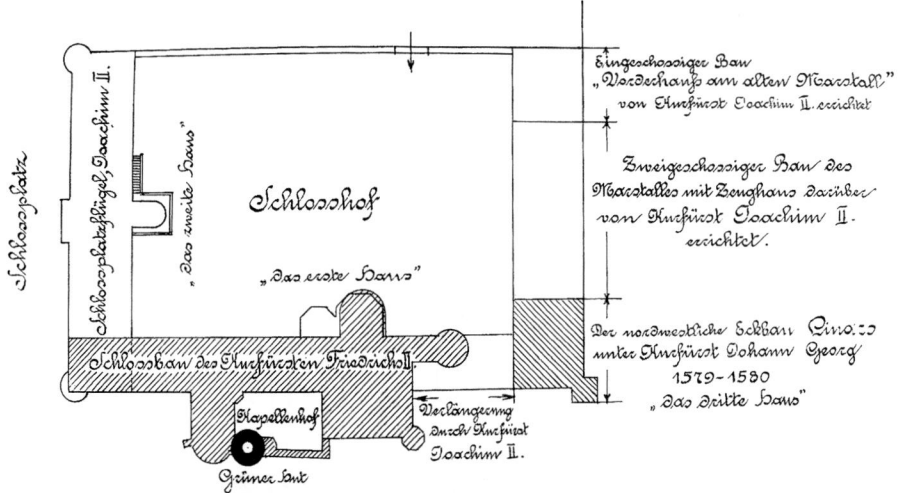

Albert Geyer (1936): Rekonstruktion der unter Friedrich II. Eisenzahn entstandenen und unter Joachim II. von Caspar Theiss umgebauten Erasmus-Kapelle, die ursprünglich eine lichte Höhe von 13,17 Metern aufwies und erst durch Friedrich II. 1742 bis 1747 in ihrer Höhe geteilt und parzelliert wurde.

Kurfürst Albrecht III. Achilles
(1414/1470–1486)

1473   legt Albrecht III. Achilles, Bruder Friedrichs II., die zukünftige Erbteilung des Hauses Hohenzollern fest

Kurfürst Johann Cicero
(1455/ Regent 1470; Kurfürst 1486–1499)
Johann Cicero residiert ständig im Cöllner Schloss; die Städte Berlin und Cölln erhalten den Status von Residenzstädten

Kurfürst Joachim I. (1484/1499–1535)

1529   hält sich Lucas Cranach d. Ä. am kurfürstlichen Hof auf und porträtiert unter anderem mehrere Mitglieder des Hauses

Kurfürst Joachim II. (1505/1535–1571)

1535   Hofordnung
1536   Weihe der Dominikanerkirche als Sitz des Domstifts
1537/38 fertigt Cranach d. Ä. einen Passionszyklus für den neuen Dom
1538   wird das Schloss durch Konrad Krebs und Caspar Theiss umgebaut und erweitert
1539   Am 1. November bekennt sich Kurfürst Joachim II. zum Luthertum

Kurfürst Johann Georg
(1525/1571–1598)

1585   errichtet Lynar den Apothekenflügel, 1585 bis 1590 das Haus der Herzogin

Lucas Cranach d. J. (1515–1586): Kurfürst Joachim II. (1505/1535–1571), um 1550/1555

System der Renaissance-Laube auf dem Grünen Hut, um 1538

Unter Kurfürst Johann Georg von Brandenburg (1525/ 1571–1598), hier in einer 1600/1602 entstandenen Grafik von Dominicus Custos (um 1560–1612), entstanden das Haus der Herzogin, das spätere Quergebäude und die Hofapotheke nach Plänen seines Hofbaumeisters Rochus Quirinus Graf zu Lynar (1525–1596).

1593 bis 1595 wird unter Lynar das Quergebäude erbaut

Kurfürst Johann Friedrich
(1546/1598–1608)
1604 entsteht das zweigeschossige Altangebäude im Vorhof

Kurfürst Johann Sigismund
(1572/1608–1619)
1619 Am 12. November legt Kurfürst Johann Sigismund die Regierung nieder

Kurfürst Georg Wilhelm
(1595/1619–1640)
1618–1648 wütet der Dreißigjährige Krieg

Kurfürst Friedrich Wilhelm
(1620/1640–1688)
1627 Kurfürst Georg Wilhelm empfängt Wallenstein im Schloss
1643 Der 1633 aus Berlin-Cölln geflohene Kurfürst kehrt am 4. März in die Stadt zurück
1646 trägt der Schlossgarten erstmals offiziell den Namen Lustgarten
1647 verbindet die Straße „Unter den Linden" das Schloss mit dem Tiergarten

„*Auffzuege Undt ring rennen so gehalten Worden nach des Churfürsten Von Brandenburg Kindtauffen Zu Collen an de Spree Vom 11. bis 15. Novemb: 92.*" *Das bei Jacobus Francus in dessen „Historicae relationis continuatio" 1593 abgebildete Ringrennen gewährt als früheste bekannte Darstellung des Schlosses überhaupt einen detaillierten Blick auf die prächtige, mit Sgraffitomalereien gezierte Fassade zur Stechbahn. Das Ringrennen fand, wie der Originaltext verkündet, anlässlich der Taufe des Markgrafen Sigismund 1592 statt.*

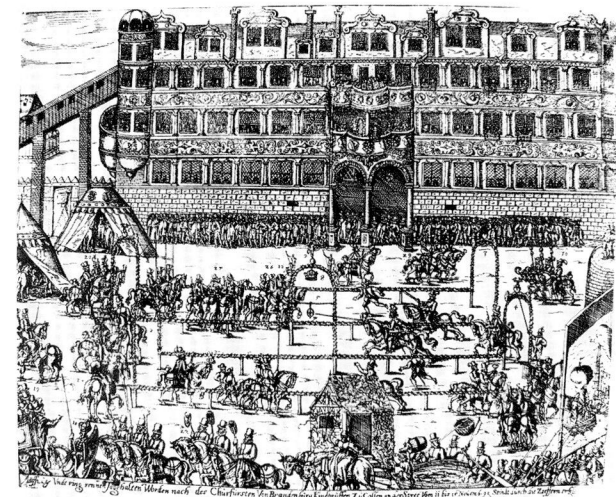

Auch die Illustration des Feuerwerks, das Kurfürst Johann Georg von Brandenburg (1525/1571–1598) 1595 zu Ehren König Christians IV. von Dänemark (1577–1588/1596–1648) auf dem damaligen großen Schlossplatz (später Großer Schlosshof) ausrichten ließ stammt aus Francus „Historicae relationis continuatio". Sie gehören als halbjährliches zu den Frankfurter Messen erscheinendes Periodikum zu den ältesten illustrierten Zeitschriften überhaupt. Ein gedeckter hölzerner Gang verband den Stechbahnflügel mit dem Dom.

1647/48 lässt Kurfürst Friedrich Wilhelm das Schloss im Stil des holländischen Frühbarock erneuern

1650 kehrt der kurfürstliche Hof endgültig nach Berlin-Cölln zurück; Memhard[t] errichtet das Lusthaus

1658 Beginn der Befestigung von Berlin-Cölln unter dem Großen Kurfürsten

1661 Eröffnung der 1659 gegründeten kurfürstlichen Bibliothek im Obergeschoss des Apothekenflügels

1671 verfügt der Große Kurfürst die Bebauung der „Schlossfreiheit"

1684 heiratet Kurprinz Friedrich in zweiter Ehe Sophie Charlotte von Hannover

1678/79 Erweiterung des Schlosses durch den Kurfürstenflügel, die Verbindungsgalerie zum Haus der Herzogin

1680 ist die Bebauung der „Schlossfreiheit" abgeschlossen

1685 ist der 1681 begonnene Alabastersaal vollendet

Jacob Gole (1660–1737): Friedrich Wilhelm – der Große Kurfürst, Schabkunstblatt. Mit dem Namen Friedrich Wilhelms verbinden sich heute die ökonomische Konsolidierung des Landes nach den Verheerungen des Dreißigjährigen Krieges, der Aufbau eines stehenden Heeres und nicht zuletzt der Aufbau seiner effektiven Behördenorganisation. Friedrich Wilhelm ließ das Schloss instand setzen und den Lustgarten anlegen. Während seiner Regierungszeit entstanden einige der berühmtesten Räume des Schlosses wie Kugel- und Brautkammer sowie die Braunschweigische Galerie.

Caspar Merians (1627–1687) Ansicht der „Chur. Fürstl. Resi. St. Berlin: u: Cöln" von 1652 zeigt die Stadt von Nordwesten mit dem ab 1647 entstandenen, befestigten Reitweg der „Linden" im Vordergrund. Neben der Hofapotheke (T), blickt man auf Lustgarten- und Spreeflügel (C und B), das giebelgeschmückte Lynarsche Quergebäude (A), Dom samt Glockenturm(H) und Münzturm (G).

Johann Gregor Memhard[t]s (1607–1678) im gleichen Jahr entstandener „Grundriß der Beyden Churf: Residenz Stätte Berlin und Cölln an der Spree", auf dem bis heute alle topografischen Beschreibungen der Stadt aufbauen, diente wohl auch als Grundlage des späteren Festungsbaues. Deutlich erkennbar ist die Teilung des Lustgartens in drei Bereiche. Der eigentliche Lust- und Blumengarten (B) erstreckte sich bis zum Lusthaus. Der Wasser- und der radial gegliederte Küchengarten (C und D) spiegeln jedoch Idealansichten wider und sind wohl wegen des Festungsbaues ab 1658 nie ausgeführt worden.

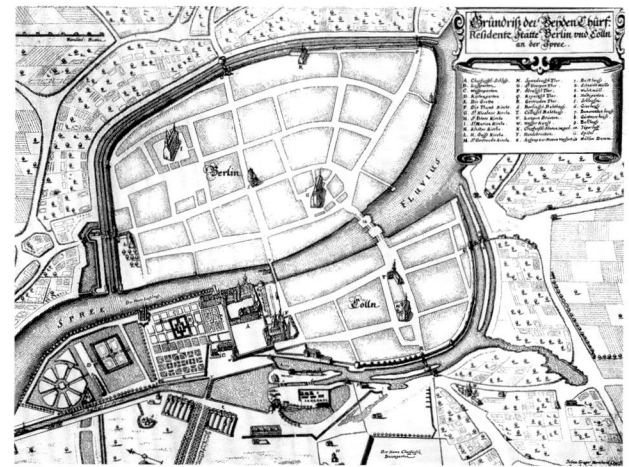

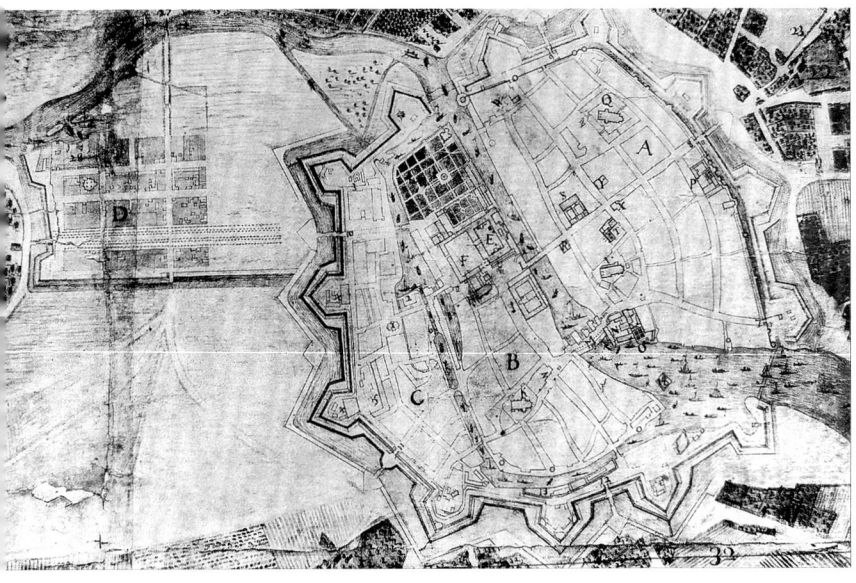

Der Ausschnitt aus N. La Vignes 1685 entstandenem Plan von Berlin und Umgebung zeigt bereits die Festungswerke um die Doppelstadt Berlin-Cölln. Deutlich sind die vor den Festungsmauern gelegenen „Linden", der Lustgarten und der Schlossbezirk mit den beiden Höfen zu erkennen.

1686	wird Lorenz Beger zum Verwalter der Antiquitäten-Kammer berufen

Kurfürst Friedrich III./ König Friedrich I. (1557/1688 Kurfürst; König 1701–1713)

1688	Berufung von Abraham Begeyn zum kurfürstlichen Vedutenmaler
1692	Berufung von Johann Friedrich Eosander von Göthe an den kurfürstlichen Hof; Augustin Terwesten d. Ä. wird Hofmaler
1694	erhält Andreas Schlüter die Stelle des kurfürstlichen Hofbildhauers
1695–1698	werden in Augsburg die Teile des berühmten Silberbuffets nach einem Entwurf Andreas Schlüters angefertigt
1697	Der Name „Schlossfreiheit" ist erstmals aktenkundig
1698–1707	Ausbau des Berliner Schlosses unter Andreas Schlüter

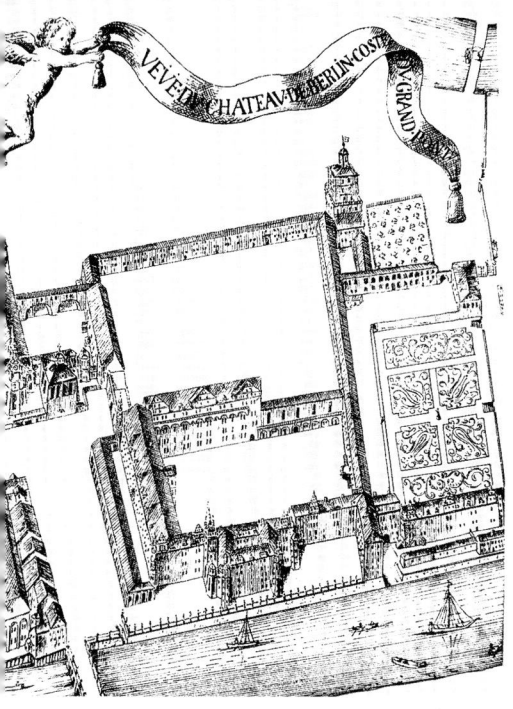

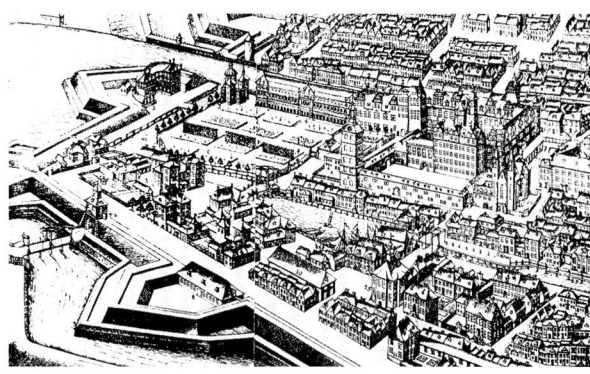

1699	Ernennung Schlüters zum Schlossbaudirektor
1700	Am 22. Oktober beginnt der Guss des Reiterdenkmals des Großen Kurfürsten
1701	Krönung Kurfürst Friedrichs III. am 18. Januar in Königsberg zum König Friedrich I. in Preußen – Im Sommer vollendet Schlüter die Fassade zum Schlossplatz mit Portal I

oben: Der Ausschnitt aus Johann Bernhard Schultz' Vogelschauplan von Berlin und Cölln aus dem Jahr 1688 gibt neben den unter dem Großen Kurfürsten entstandenen Festungsanlagen den Blick frei auf das Schloss und den Lustgarten. Oben links ist das 1685 entstandene Pomeranzenhaus (Orangeriegebäude) von Johann Arnold Nering (1659–1695) zu erkennen. Es verbarg in der Form des Halbovals geschickt die dahinter gelegenen Festungsanlagen.

oben links: La Vignes Plan enthält auch eine Vogelschauansicht des Schlosses. Sie gibt detailreich das Umfeld von Osten her mit dem Marstall, Schlossplatz, der alten Dominikanerkirche (Dom), dem Schloss mit den beiden Höfen, Münzturm (oben rechts) und Lustgarten wieder. Deutlich sind das Haus der Herzogin an der Spreefront, das unter dem Grafen zu Lynar entstandene Quergebäude und die Hofapotheke (unten rechts) zu erkennen.

Abraham Begeyn (um 1637–1697) zugeschrieben: Ansicht der Schlossplatzfassade von Südosten mit der Langen Brücke im Vordergrund, um 1690

Antoine Pesne (1683–1757): Friedrich I., König in Preußen, 1712

1701/02	beginnt der Münzturmbau
1703	wird Schlüters Lustgartenflügel vollendet; am 19. Januar findet das Fest des Schwarzen Adlerordens im Rittersaal statt; am 12. Juli wird anlässlich des Geburtstages von König Friedrich I. Schlüters Reiterdenkmal des Großen Kurfürsten auf der Langen Brücke enthüllt

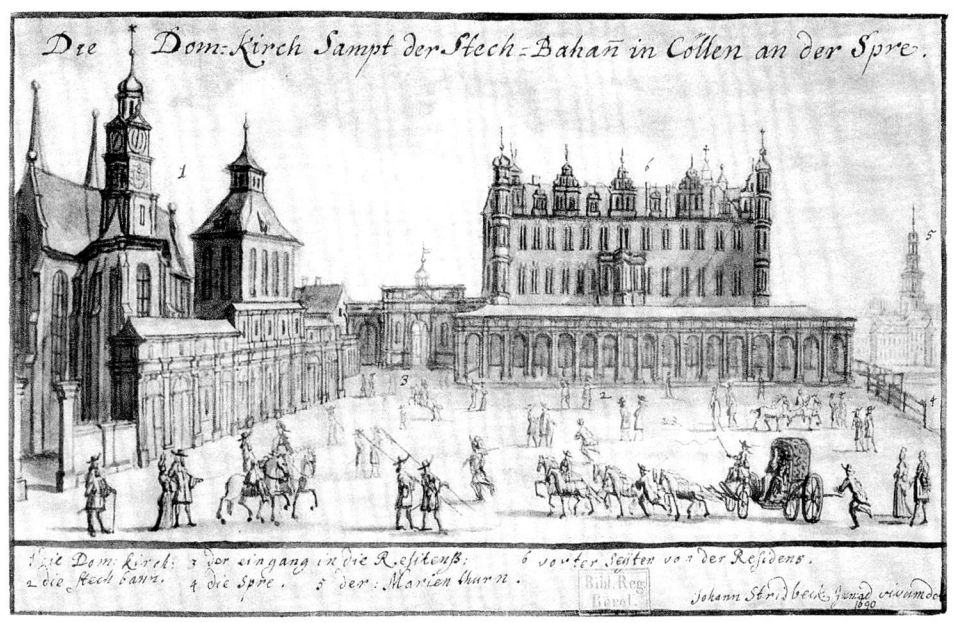

Johann Stridbeck d. J. (1665–1714): Blick auf den 1538 bis 1540 entstandenen Schlossflügel am Schlossplatz, dessen Terrain 1679/80 unter dem Großen Kurfürsten nach Zuschüttung des Grabens zwischen Schloss und Stechbahn entstanden war. Einheitliche, nach Plänen des kurfürstlichen Ingenieurs Johann Arnold Nering entstandene, als Arkaden gestaltete Ladenreihen vor dem alten, 1747 abgebrochenen Dom (links) und dem Schlossbau (im Hintergrund) säumten Johann Gregor Memhard[t]s Triumphportal von 1659. Die Läden gehörten bereits zum Schlossbezirk und brachten dem Kurfürsten direkte Einnahmen. Die Inhaber der Läden waren französische Refugiés.

1706	kommt es zur Katastrophe: der Münzturm stürzt ein; Schlüter wird entlassen	1707	übernimmt Johann Friedrich Eosander von Göthe die Schlossbauleitung; in der Folge wird die

Johann Stridbeck d. J.: Spreefront des Schlosses von der Burgstraße. Vom Haus des Bürgermeisters Schardius (7) im Vordergrund blickt man über die Lange Brücke und die Spree auf Marstall/Reitstall (3), Dom (2) und Stechbahn (6) sowie auf das Schloss (1), den begonnenen so genannten Bibliotheksbau Nerings (5) und das als Wassergrotte (4) bezeichnete Lusthaus Memhard[t]s, das den Lustgarten säumt.

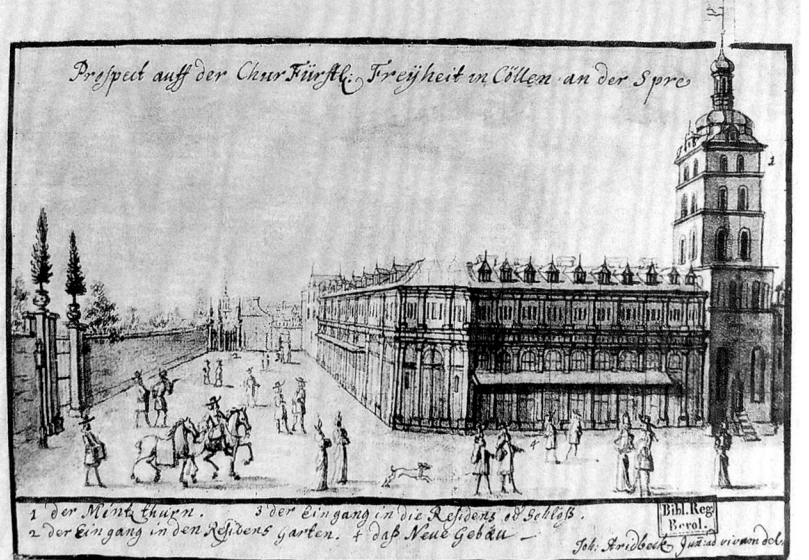

Johann Stridbeck d. J.: Die Ansicht von Nordwesten gibt den Blick von der Hunde- und späteren Schlossbrücke auf die beiden Eingänge in den mauerumsäumten Lustgarten (links, 2), Nerings Arkadenhäuser im Vordergrund (4) und den angrenzenden Münzturm frei. Im Hintergrund erscheinen der Zugang zum Schloss und das Gebäude der Apotheke.

Johann Stridbeck d. J.: Der spätere Große Schloßhof vermittelt bei Stridbeck noch das Bild des Vorhofs. Deutlich erkennbar sind der als „Schene Saal" (2) bezeichnete Alabastersaal und das angrenzende Quergebäude aus der Zeit Kurfürst Johann Georgs (1), Memhard[t]s Triumphportal (4), der Dom (5) im Hintergrund und die unter Kurfürst Johann Friedrich entstandenen Nebengebäude zum Schloßplatz und zur Schloßfreiheit (rechts).

Johann Stridbeck d. J.: Die Ansicht des Kleinen oder Inneren Schloßhofs ist auf den spreeseitigen Flügel im Hintergrund (1 und 2) mit den Kurfürstlichen Gemächern und der Erasmus-Kapelle gerichtet, der vom Lustgartenflügel (links) und dem unter Kurfürst Joachim II. entstandenen Bau mit seinem charakteristischen Wendelstein (rechts) gesäumt wird.

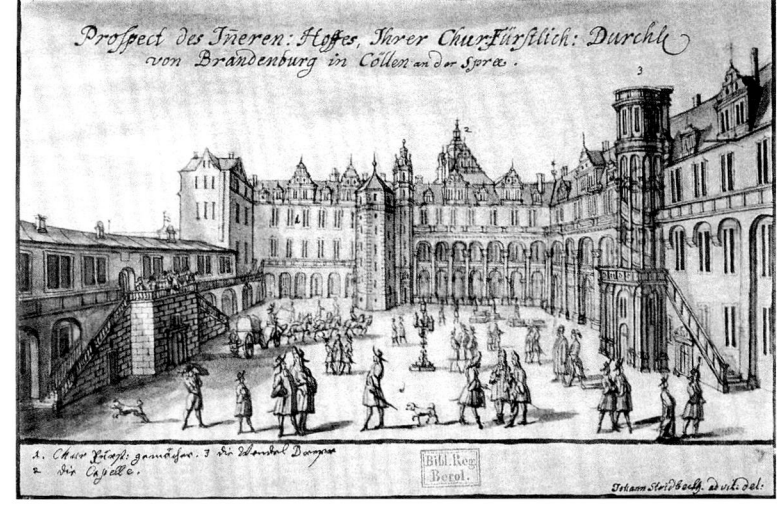

Der Umgestaltungsentwurf des Architekten und Mitglieds der Preußischen Akademie der Künste Jean Baptiste Broebes (†1733) aus der Zeit um 1702 – hier in einem Ausschnitt – gibt mit einem Blick von Osten, etwa in Höhe der Langen Brücke, die Idealansicht des Schlossplatzes mit Marstall (links), Dom (Mitte) und Schloss (rechts) wieder. Nach Broebes Tod erschienen seine Pläne und Aufrisse der vornehmsten königlichen Schlösser, darunter der Entwurf zum Berliner Schlossplatz unter dem Titel „Vues des Palais et Maisons de Plaisance" bei Johann Georg Merz (1694–1762) in Augsburg.

Der Kupferstich aus Lorenz Begers (1653–1705) „Thesaurus Brandenburgicus" von 1701 (Band 3) vermittelt eine Idealansicht des Schlüterschen Entwurfs für Schloss und Lustgarten, vom Standort der Neringschen Orangerie aus.

Anlage nach Westen verdoppelt und um den Flügel an der Schlossfreiheit mit dem Portal III (Eosanderportal) erweitert

König Friedrich Wilhelm I. (1688/1713–1740)
1713   übernimmt Schlüter-Schüler Martin Heinrich Böhme an Stelle des entlassenen Eosander den Schlossbau

1716   ist der Schlossbau ohne Kuppel vollendet

1736   werden drei Häuser an der Schlossfreiheit wieder abgerissen

König Friedrich II. (1712/1740 König in Preußen; König von Preußen 1772–1786)
1740   beginnt Friedrich II. mit seinem Oberintendanten der königlichen

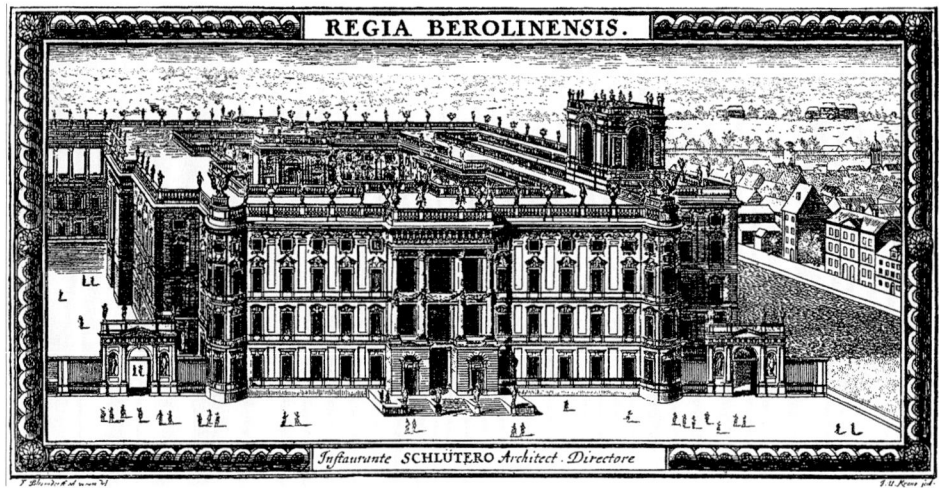

Der 1701 entstandene Kupferstich von Johann Ulrich Knaus nach Constantin Friedrich Blesendorf (1674–1744) aus Lorenz Begers „Thesaurus Brandenburgicus" zeigt Andreas Schlüters Schlossmodell von 1699 von der Stechbahn-/ Schlossplatzseite. Schlüters Planungen haben sich nur in dieser grafischen Form überliefert. Das eigentliche 1702 als „höltzern formular" erwähnte Holzmodell ging bereits im Laufe des 18. Jahrhunderts verloren.

Paul Decker d. Ä. (1677–1713) nach Andreas Schlüter: Entwurf für die Fassade der Schmalseite im Kleinen Schlosshof, 1703

Schlösser Georg Wenzeslaus von Knobelsdorff mit der Planung des Forum Fridericianum mit Opernhaus (heute: Staatsoper), Biblio-

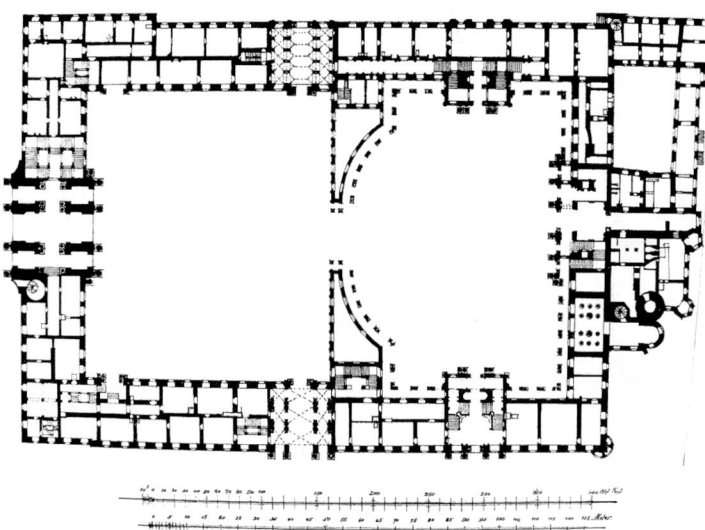

Erdgeschossgrundriss des Schlosses mit einer Galerie zwischen den beiden Höfen an Stelle des Lynarschen Quergebäudes und des Alabastersaales. Entwurfsplanung um 1706/1713 nach Johann Friedrich Eosander von Göthe (1669–1728).

	thek (im Volksmund „Kommode" genannt) und dem Palais des Prinzen Heinrich (heute: Hauptgebäude der Humboldt-Universität)
1745	richtet sich der König eine Wohnung im Schloss ein, von der in seiner Gesamtheit nur das kreisrunde Schreibzimmer bis 1945 erhalten bleibt; zur Finanzierung des Zweiten Schlesischen Krieges werden Teile des Silberbuffets und die silberne Trompeterempore eingeschmolzen
1747	lässt Friedrich II. den alten gotischen Dom am Schlossplatz abreißen und 1747 bis 1750 einen Neubau durch Johann Boumann d. Ä. im Lustgarten errichten
1770	wird die Straße „Unter den Linden" als Promenade neu angelegt

Antoine Pesne: König Friedrich Wilhelm I. (1688/ 1713–1740), um 1733. Der Soldatenkönig vollendete das Berliner Schloss und bezog zunächst eine Wohnung im ersten Stock am Schlossplatz bzw. zur Schlossfreiheit. Von dort wurden die Räume alsbald ins Erdgeschoss am Lustgarten verlegt. Von hier aus sah der König seinen Soldaten beim Exerzieren zu.

Entwurfszeichnung der nördlichen Schmalwand des Weißen Saals (Raum 770), Entwurf, um 1728. In diesem Jahr ließ Friedrich Wilhelm I. den als neue Kapelle konzipierten Raum anlässlich des Besuchs des sächsischen Kurfürsten und polnischen Königs Augusts des Starken in nur fünf Monaten zum Festsaal ausbauen.

König Friedrich Wilhelm II. (1744/1786–1797)
1787–1789 entstehen nach Plänen von Erdmannsdorff und Gontard die Königskammern
1789–1791 entsteht am Schlossplatz die Wohnung für Königin Friederike

nach Entwürfen von Carl Gotthard Langhans (dem Schöpfer des heutigen Brandenburger Tores; vollendet 1791)

König Friedrich Wilhelm III. (1770/1797–1840)

1798	Abriss des Lusthauses
1806–1809	Bei der Flucht des Königs und seiner Familie vor den Napoleonischen Truppen nach Ostpreußen werden der Staatsschatz und das Silberbuffet mitgeführt
1816	Beginn der Umbauarbeiten an Boumanns Dom durch Karl Friedrich Schinkel
1823	Am 28. November wird Schinkels Schlossbrücke anlässlich des Einzugs der künftigen preußischen Kronprinzessin Elisabeth v. Bayern eingeweiht
1824–1827	gestaltete Karl Friedrich Schinkel die Wohnung des Kronprinzen Friedrich Wilhelm (IV.) um
1828–1832	erfolgt die Neuanlage des Lustgartens
1830	Am 3. August wird Schinkels Museumsbau am Lustgarten eröffnet
1831	wird die Granitschale vor dem (Alten) Museum aufgestellt

Antoine Pesne: Friedrich II. (1712/1740–1786) als Kronprinz, 1736. Friedrich richtete erst 1745 eine Wohnung in dem ihm verhassten Schloss ein, die er von Weihnachten bis zum Karneval bewohnte. Fortan fanden mit Blick auf das gesellschaftliche Leben hier nur noch Karnevalsbälle und die großen Wintersoireen statt. Die von Friedrich im Schloss untergebrachte Druckerei nannte als Verlagsort „Au donjon du Chateau" (Im Turm des Schlosses).

Johann Georg Rosenberg (1739–1808): Auffahrt zur Neujahrsgratulation unter König Friedrich Wilhelm II. auf dem Schlossplatz 1787

A. Hugos „France Militair Histoire" von 1835 entnommen ist die Grafik von Friedrich Wilhelm II. Mit diesem Monarchen brach für das Schloss eine neue Zeit herein, die dem Schloss mit den Königskammern im Lustgartenflügel die bedeutendste Innendekoration des deutschen Klassizismus bescherten.

Der Speisesaal der unter Friedrich Wilhelm II. entstandenen Königskammern (555) in einer zeitgenössischen Grafik. Er gehörte zu den schönsten Räumen des deutschen Klassizismus. Seine Gestaltung erfolgte nach Entwürfen Friedrich Wilhelm von Erdmannsdorffs (1736–1800) in den Jahren 1787/88.

König Friedrich Wilhelm IV. (1795/1840–1861)

1845–1852	Errichtung der Schlosskuppel auf dem Eosanderportal durch Friedrich August Stüler
1847	beginnt die Aufstellung der Figurengruppen auf der Schlossbrücke (1857 abgeschlossen)
1848	Am 18. März schießen preußische Truppen vor dem Schloss auf Demonstranten. Bei den anschließenden Straßenkämpfen, die die Revolution von 1848/49 in Preußen auslösen, werden 250 Menschen getötet (sog. „Märzgefallene")
1849	Am 3. bzw. 28. April lehnt Friedrich Wilhelm IV. die ihm von der

König Friedrich Wilhelm IV, hier in einer frühen Fotografie von 1847, wählte nach seinem Enkel Friedrich Wilhelm II. das Schloss wieder als Wohnsitz. Bereits in seiner Kronprinzenzeit hatte er sich durch Schinkel im Mittelgeschoss des Spreeflügels an der Ecke zur Kurfürstenbrücke eine erste Wohnung einrichten lassen. Unter seiner Herrschaft entstand Stülers charakteristische Schlosskuppel. Auch wandelte sich der Lustgarten zu einem Architekturplatz.

          Deutschen Nationalversammlung
          angetragene Kaiserkrone ab
1853   Am 24. Mai wird die Schloss-
          kapelle geweiht

**König Wilhelm I./Kaiser Wilhelm I.
(1797; 1858 Regent; 1861 König;
dt. Kaiser 1871–1888)**

1863/64   wird die Marmortreppe (453, 676,
          856) umgebaut. Wilhelm I. ließ
          Stufen und Geländer aus schlesi-
          schem Großkunzendorfer Marmor
          einbauen, um ein Signal gegen die
          Arbeitslosigkeit in Schlesien zu
          setzen
1865   wird Nerings Pomeranzenhaus zu
          Gunsten der (Alten) Nationalgalerie
          abgerissen
1871   Am 18. Januar wird das deutsche
          Kaiserreich im Spiegelsaal von Ver-
          sailles proklamiert
1873   erfolgt im Kleinen Schlosshof die
          Umgestaltung der Fassade des
          Lynarschen Quergebäudes
1888   Dreikaiserjahr: nach dem Tod
          Wilhelms I. regiert Friedrich III. als
          Kaiser für nur 99 Tage; ihm folgt
          sein Sohn Wilhelm II.

Die zeitgenössische Lithographie zeigt Arbeiter und Bürger Seit' an Seit' auf der Barrikade in der Breiten Straße in der Nacht vom 18./19. März 1848. Im Hintergrund fällt der Blick auf Portal I des Schlosses.

Kaiser Wilhelm II (1859/1888–1918/1941)

1888	Einrichtung der Kaiserlichen Wohnung durch das Architekturbüro Heyden und Kyllmann, Berlin
1889	Am 30. Januar Ausschreibung eines ersten Wettbewerbs für ein zentrales Nationaldenkmal für Kaiser Wilhelm I. in Berlin
1889	Abriss der Bebauung an der Schlossfreiheit
1890/91	Zweiter engerer Wettbewerb für ein Nationaldenkmal Wilhelms I.

Die Szene auf dem 1893 entstandenen Gemälde Anton von Werners (1843–1915) zeigt die Eröffnung des Deutschen Reichstags im Dreikaiserjahr – am 25. Juni 1888 im Weißen Saal durch Kaiser Wilhelm II. beim Verlesen der Thronrede.

Blick von den „Linden" in Richtung des Schlosses um 1870: links das Zeughaus, rechts (von rechts nach links) das Prinzessinnen- und das Kronprinzenpalais sowie das noch zweigeschossige Kommandantenhaus, das erst 1873/74 aufgestockt und verändert wurde. Ihre Entstehung verdankt die Prachtstraße „Unter den Linden" Johann Moritz von Nassau (1604–1679), dem Freund des Großen Kurfürsten und dessen Statthalters von Kleve, der 1646 eine Reihe von Achsen um das Schloss anlegen ließ, darunter die „Linden" als Verbindung in den nahen Tiergarten.

1891	Aufstellung des Neptunbrunnens auf dem Schlossplatz in der Flucht der Breiten Straße
1891/92	erfolgt die Umgestaltung des Weißen Saales
1892/93	werden die Spreeterrassen angelegt; zur selben Zeit entsteht östlich der Hofapotheke das Maschinenhaus für die elektrische Beleuchtung des Schlosses
1895	Grundsteinlegung zum Nationaldenkmal
1896	Baubeginn für den Marstallkomplex unter Hofarchitekt Ernst Eberhard von Ihne
1897	Am 22. März wird das Nationaldenkmal Wilhelms I. anlässlich dessen 100. Geburtstags feierlich eingeweiht
1899	Indienststellung des nördlichen Teils des Neuen Marstalls
1901	entstehen am Schlossplatz und der Schlossfreiheit Terrassen; weitgehende Fertigstellung des Neuen Marstalls
1902	Zweiter Umbau der Marmortreppe (453, 676, 856); Pfeiler, Sockel und Wandsockel erhielten eine Verkleidung mit Stuckmarmor; Vollendung des zentralen 83 Meter langen vier-

Zu den wohl letzten größeren Umbauten unter Wilhelm II. gehörte der Ausbau des Joachim-Saals (861) im zweiten Obergeschoss über Portal II. Ihm fiel der ehedem zur Wohnung des Prinzen Wilhelm (1783–1851), des jüngeren Bruders Friedrich Wilhelms III., und der Prinzessin Marianne (1785–1848) gehörende Apollo-Saal zum Opfer, der wohl im 18. Jahrhundert als Speisezimmer für die Marschalltafel genutzt wurde. Wilhelm II. ließ den rund 17 Meter langen, 12,50 Meter breiten und 10 Meter hohen Saal 1912 durch Ernst Eberhard von Ihne (1848–1917) und Franz Naager (1870–1942) auf erweitertem Grundriss im Stil der italienischen Renaissance ausbauen. Der neue Saal nahm eine Folge von Brüsseler Renaissance-Wandteppichen auf, die nach Entwürfen von Barend (Bernaert) van Orley (1488–1541) entstanden waren.

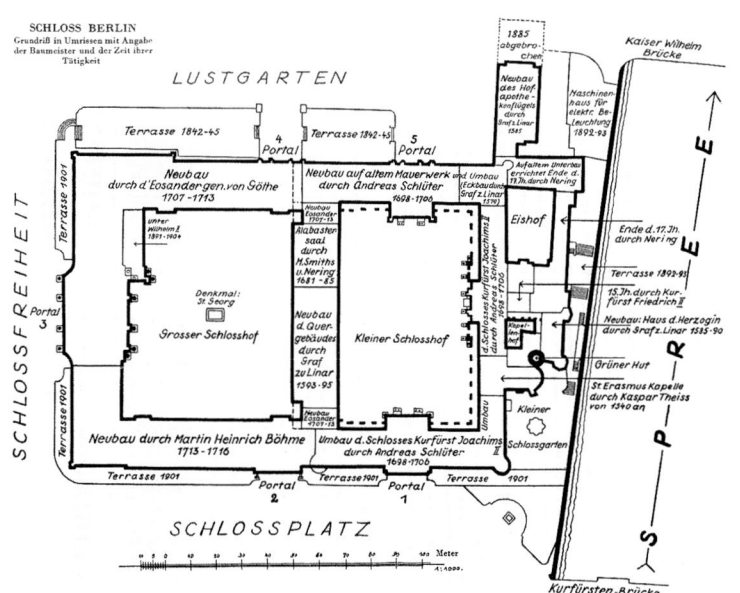

Übersichtsplan nach Albert Geyer, 1926

	geschossigen Hauptgebäudes des Neuen Marstalls am Schlossplatz
1905	Einweihung des neuen Doms von Julius Raschdorff (1823–1914) am Lustgarten; Aufstellung der Oranier-Standbilder auf den dortigen Schlossterrassen
1918	Mit der formellen Abdankung Kaiser Wilhelms II. am 28. November und dem Thronverzicht von Kronprinz Wilhelm (1882–1954) am 1. Dezember endet die Hohenzollern-Monarchie

Das Schloss inmitten der Stadt

Kurfürstenbrücke und Schlossplatz
Die Kurfürstenbrücke, die Berlin und Cölln miteinander verband, bestand als Lange Brücke bereits im 14. Jahrhundert. Die anfängliche Holzbrücke wurde 1661 unter dem Großen Kurfürsten erneuert und 1690 unter Friedrich III. zu Gunsten einer massiven Steinbrücke aus Pirnaischen Quadersteinen abgebrochen. Der

Schlossplatz von der Kurfürstenbrücke aus gesehen mit dem Reiterdenkmal des Großen Kurfürsten in den 1890er Jahren

Neubau der Brücke erfolgte nach Plänen des Ingenieurs und Architekten Johann Arnold Nering in den Jahren 1692 bis 1696. Dabei schob Nering das Mitteljoch der fünfjochigen Brücke stromaufwärts vor, um genügend Raum für das geplante Reiterdenkmal des Großen Kurfürsten zu gewinnen. Die bildhauerische Gestaltung der Brücke lag in den Händen von Hofbildhauer Andreas Schlüter, der zwischen 1700 und 1709 auch das zentrale Denkmal schuf. Mit der Aufstellung des Denkmals im Jahr 1703 erhielt sie ihren neuen Namen Kurfürstenbrücke und der Schlossplatz einen repräsentativen Zugang von Osten, schließlich kam der vom Alexanderplatz heranführenden heutigen Rathausstraße als Zeremonialstrecke der einziehenden Monarchen und Staatsgäste besondere Bedeutung zu. Bei Instandsetzungsarbeiten in den Jahren 1815 bis 1817 ersetzte man die Sandsteinbrüstungen zu beiden Seiten durch solche aus Gusseisen nach Entwürfen von Karl Friedrich Schinkel (1781–1841). Da man dabei auch den Boden anhob, sank das Denkmal ein und wurde in seiner Wirkung beeinträchtigt. Der letzte Neubau 1894 bis 1896 suchte diesem Umstand ebenso Rechnung zu tragen, wie dem der Schifffahrt und dem Individualverkehr durch nurmehr drei Joche und eine verbreiterte Fahrbahn. Zu diesem Zeitpunkt war der Schlossplatz durch Reinhold Begas' Neptunbrunnen und die ihn umgebenden Grünstreifen ein großflächiger Schmuckplatz. Nichts erinnerte mehr an die einstige Zweiteilung des Platzes zwischen Spree und Breiter Straße bzw. den westlichen Teil Breiter- und Brüderstraße mit dem 1747 unter Friedrich II. geschleiften alten Dom. Zum bloßen Begriff geworden war zudem die 1538 von Joachim II. angelegte Stechbahn, an deren Stelle Kaufläden traten, die 1699 dem Schlüterschen Schlossprojekt zum Opfer fielen.

Reiterdenkmal des Großen Kurfürsten

Inmitten der Spree auf der Cölln und Berlin verbindenden Langen Brücke erhob sich von 1703 an bis zum Zweiten Weltkrieg das Denkmal des Großen Kurfürsten als eines der Hauptwerke des Hofbildhauers Andreas Schlüter. Das zu den bedeutendsten Reiterstandbildern des nordeuropäischen Barock zählende Denkmal des Großen Kurfürsten war vor allem das erste in Deutschland aufgestellte Denkmal seiner Art überhaupt: ein Denkmal, das der erste König in Preußen, Friedrich I., seinem Vater Friedrich Wilhelm widmete. Schlüter glückte mit dem, dem Schloss seiner Ahnen zugewandten Bronzedenkmal, das in Sichtweite der Königspforte des Schlosses (Portal I) stand, eine bis ins kleinste Detail „edel durchgebildete Form" und mit dem Bildnis Friedrich Wilhelms das eines „besonnenen Herrschers von unbeirrbarer

Kommandogewalt, im Aufbau, in der gedrängten Energie und Wucht des Ausdrucks" (Ladendorf). Die imperiale Haltung, mit der Schlüter den Kurfürsten der Nachwelt überlieferte, weist auf einen Herrscher hin, der die Macht und die politische Bedeutung Brandenburg-Preußens begründete und Berlin und Potsdam zu den wichtigsten Residenzstädten seines Herrschaftsbereiches erhob. Sein ideelles Vorbild hat das Denkmal in der Reiterstatue des Marc Aurel in Rom, wenngleich es formal eher der Reiterstatue Ludwigs XIV. von Frankreich von François Girardon (1628–1715) verpflichtet ist. Am 22. Oktober 1700 begann durch den „Hoff- und Artillerie-Gießer" Johann Jacobi (1661–1726) im Gießhaus hinter dem Zeughaus am Kupfergraben der Guss des Reiterstandbildes. Der Guss erfolgte im so genannten Wachsausschmelzverfahren, das für die Zeitgenossen in seiner technischen Meisterleistung noch spannender war, als Schlüters brillantes Denkmal selbst. Dieses konnte anlässlich des Geburtstags Friedrichs I. am 12. Juli 1703 auf der Langen Brücke enthüllt werden, während Schlüter an den umgebenden Sklaven des Postaments noch bis 1706 arbeitete. Die Mitglieder seiner Werkstatt Johann Hermann Backer, Cornelius Heinzii/Heintzy († 1715), Friedrich Gottlieb Herfort († 1708) und Johann Samuel Nahl (1664–1727) haben sie ins Große

Reiterdenkmal des Großen Kurfürsten, im Hintergrund der Neue Marstall

Neptunbrunnen und Portal II, um 1900

übertragen und nach Jacobis Guss bis 1709 am marmornen Denkmalsockel angebracht. 1901 gelangte der originale Sockel ins damalige Kaiser-Friedrich-Museum (heute: Bode-Museum), während das im Zweiten Weltkrieg verlagerte Reiterstandbild 1951 auf einem dem Original nachgebildeten Sockel im Ehrenhof des Charlottenburger Schlosses aufgestellt wurde.

Neptunbrunnen

Inmitten des Schlossplatzes, in der Achse der Breiten Straße gelegen, erhob sich ursprünglich der 1889 bis 1891 geschaffene monumentale Neptunbrunnen von Reinhold Begas (1831–1911). Bereits 1886 hatte Begas einen Entwurf dazu vorgelegt, der seinerseits auf einem Projekt des Künstlers aus den 1870er Jahren beruhte, das von römischen Erinnerungen und süddeutschen Einflüssen inspiriert war. Im Dreikaiserjahr 1888 machte der Berliner Magistrat Kaiser Wilhelm II. den Brunnen, der als Mittelpunkt eines begrünten Schmuckplatzes aufgestellt wurde, zum Geschenk. Am 1. November 1891 wurde er enthüllt. Monumental daran ist

Schlossplatz mit Neptunbrunnen und Neuem Marstall; links im Hintergrund der Turm des Roten Rathauses

bereits das vierpassförmige Brunnenbecken aus poliertem rotem Granit mit seinen 18 Metern Durchmesser. Im Zentrum des Beckens erhebt sich Neptun mit allen Attributen, Tritonen, wasserspeienden Putten und Meerestieren, während der Granitsockel allegorische Frauengestalten vereint, die symbolisch und den Himmelsrichtungen zugeordnet die Flüsse Rhein, Elbe, Oder und Weichsel personifizieren. Den jeweiligen Flussnymphen wurden Allegorien zugeordnet. So spielten Ziege und Schaffelle auf den Breslauer Wollmarkt an, während der Rhein durch Weinlaub und Fischnetze in Erscheinung trat. Neben Reinhold Begas hatten auch dessen Bruder Karl Begas (1845–1916) sowie die Bildhauer Karl Albert Bergmeier (1856–1897), Karl Hans Bernewitz (1858–1934) und Johann Götz (1865–1934) an der Entstehung mitgewirkt. 1969 erhielt der Neptunbrunnen vor dem Roten Rathaus im Achsenschnittpunkt zum Fernsehturm einen neuen Standort.

Der Neue Marstall
Der zwischen 1896 und 1902 errichtete Neue Marstall Eberhard Ernst von Ihnes begrenzt mit seiner Hauptfassade den Schlossplatz auf der Südostseite. Der Hofarchitekt Kaiser Wilhelms II. bezog dabei Teile des Alten Marstalls von Michael Mathias Smid[s] (1626–1692) aus dem 17. Jahrhundert in den Neubau mit ein, der mit seinen neobarocken Formen mit der Fassade Schlüters korrespondierte, ohne ihn in seiner neobarocken Gestalt zu überbieten. Zum Schlossplatz zeigt sich die Fassade in ihrer Horizontale viergeschossig, mit zweigeschossigem rustiziertem Sockelgeschoss und sandsteinverkleideter Fassade, die an Marstallentwürfe Jean de Bodts aus der Zeit um 1700 erinnert. Vertikal gegliedert wird die Front durch zwei einachsige Seitenrisalite und einen dreiachsigen Mittelrisalit, die in den Obergeschossen jeweils durch zwei bzw. vier Kolossalsäulenpaare aus Kudowaer Sandstein akzentuiert sind. Zur ursprünglichen Fassadengestaltung gehörten neben den beiden Wandbrunnen in den Bögen der Seitenrisalite ein zentraler Dreiecksgiebel über dem Mittelrisalit mit Relieffeld und die Attikafigurengruppen der Rossebändiger von Otto Lessing (1846–1912). Einzig der von Rossebändigern gesäumte Dreiecksgiebel der 176,5 Meter langen Spreeseite erinnert bis heute an die ursprüngliche Gestaltung des ausgedehnten Komplexes zwischen Spree, Schlossplatz und Breiter Straße. Im Hauptflügel zum Schlossplatz hatte Ihne neben den untergeordneten Räumen des Erdgeschosses mit Büros, Geschirrkammer und Pförtnerwohnung und den Geschirr- und Montierungskammern des Zwischengeschosses im repräsentativen, elf Meter hohen zweiten Obergeschoss die Unterbringung der Königs- und Galawagen vorgesehen, die mittels eines Aufzugs erreicht werden konnten. Nach der Fertigstellung 1902 erstreckte sich der Marstall auf einer Fläche von 14 000 Quadratmetern.

Die Schlossfreiheit
Wenn man heute östlich der Spree zwischen Schlossbrücke im Norden und Schleusenbrücke im Süden unterwegs ist, erinnert bis auf den Sockel des früheren Nationaldenkmals nichts an die einstige Gestaltung des Terrains. Man braucht Phantasie und den Blick auf alte Stadtansichten und Pläne, um einen Begriff von der Bebauung der Schlossfreiheit westlich des früheren Eosanderportals zu erlangen. Am 20. Mai 1671 verfügte der Große Kurfürst mit einer Verordnung die Bebauung des eingedämmten Ufergeländes des westlichen Spreearmes zwischen dem Bereich der Neuen Mühlen und der Hundebrücke (spätere Schlossbrücke). Dieser Bereich war ursprünglich als „Weg hinter der

Blick auf den Kupfergraben und die Gebäude der Schlossfreiheit mit dem Schloss im Hintergrund, 1880er Jahre

Der Straßenzug der Schlossfreiheit gegenüber von Portal III in den 1880er Jahren

Wasserkunst" bekannt. Zwar gehörte das Terrain faktisch zum Friedrichswerder, stand jedoch laut Privileg vom 4. Juni 1672 ausdrücklich unter kurfürstlicher Verwaltung. Da das Gelände sumpfig und die Fundamentierung sowie die bis 1680 abgeschlossene Bebauung schwierig und kostspielig waren, gewährte der Kurfürst den Bauherren eine Reihe von Freiheiten, wie etwa die Befreiung von Einquartierungen und von der Grundsteuer oder

Der Straßenzug der Schlossfreiheit gegenüber von Portal III um 1890

Gewerbefreiheit – Begriffe, die den seit 1697 aktenkundigen Straßennamen „Die Freiheit hinter der Wasserkunst" bzw. „Schlossfreiheit" erklären. 13 Häuser entstanden westlich des Schlosses, von denen drei bereits 1736 wieder abgerissen wurden. Alle unterstanden der Rechtsprechung des kurfürstlichen Hausvogts. Bis auf die Umbauten einzelner Häuser blieb der geschlossene, zur Wasserseite hin malerische Eindruck bis zum Abriss 1889 erhalten.

Eine entscheidende Rolle für das Nationaldenkmal spielte der Ort: nicht der ursprüngliche Platz vor dem Reichstag, sondern die Schlossfreiheit sollte den Rahmen bilden. Dafür wurde die Bebauung im Dezember 1889 abgebrochen.

Das neun Meter hohe, aus 1770 Zentnern Bronze gearbeitete Reiterstandbild (Gesamthöhe 21 Meter) wird von einer etwa zwölf Meter hohen Säulenhalle umsäumt. Die pavillonartigen Kuppelbauten dieser Säulenhalle erhielten Quadrigen (Vierergespanne) der „sieggewohnten Borussia" (Norden – links) und der „kraftstrotzenden Bavaria" (Süden – rechts).

Nationaldenkmal und Westfassade des Schlosses, im Hintergrund die Raschdorffsche Domkuppel

Das Nationaldenkmal Kaiser Wilhelms I.
Das Nationaldenkmal gegenüber dem Eosanderportal verdankte seine Entstehung einem am 30. Januar 1889 ausgeschriebenen Wettbewerb für ein zentrales Nationaldenkmal zur Erinnerung an Wilhelm I. als ersten deutschen Kaiser. Dafür hatte der Reichstag in seiner Sitzung vom 23. Dezember 1888 die Summe von 10 000 Mark bewilligt. Von den 147 eingegangenen Entwürfen konnte am Ende keiner überzeugen, denn Wilhelm II. zog das Projekt in der ihm eigenen Weise an sich. Statt Bruno Schmitz' (1858–1916) Entwurf für ein Kaiserforum, den die Jury mit dem ersten Preis bedacht hatte, favorisierte man Wilhelm Reinhold Begas. Er war beim Wettbewerb leer ausgegangen und in einem zweiten engeren Wettbewerb 1890/91 von Wilhelm II. zum Preisbewerber aufgefordert worden. Den zweiten Wettbewerb gewann Begas 1891. Im darauffolgenden Jahr wurde er mit der Ausführung beauftragt. Erst 1894 konnte mit den komplizierten Fundamentierungsarbeiten begonnen werden, die teils bis auf die Wasserfläche des alten Schleusenvorhafens reichten.

Das neun Meter hohe Reiterstandbild (Gesamthöhe 21 Meter) wurde von einer etwa zwölf Meter hohen Säulenhalle umsäumt. Die pavillonartigen Kuppelbauten dieser Säulenhalle erhielten die Quadrigen (Vierergespanne) der „sieggewohnten Borussia" (Norden) und der „kraftstrotzenden Bavaria" (Süden – im Vordergrund).

Zwei Jahre nach der Grundsteinlegung 1895 erfolgte zum 100. Geburtstag Wilhelms I. am 22. März 1897 die feierliche Einweihung des Nationaldenkmals.

Die Schlossbrücke
Einen repräsentativen Zugang zum Schloss erhielten „Die Linden" erst zwischen 1821 und 1824 mit Karl Friedrich Schinkels Schlossbrücke. Den Anlass zur Einweihung des neuen Bauwerks, das 1824 für den allgemeinen Verkehr freigegeben wurde, bot der Einzug der bayerischen Prinzessin Elisabeth (1801–1873) als künftiger preußischer Kronprinzessin am 28. November 1823. Vier Jahre zuvor hatte der als sparsam geltende König Friedrich Wilhelm III. durch Erlass vom 1. März den Neubau der Brücke verfügt, die seit dem 16. Jahrhundert als einfache, mehrfach erneuerte hölzerne Zugbrücke die Ver-

Karl Friedrich Schinkel: Schlossbrücke von Süden, Pinsel in Braun, laviert, 1819

bindung zwischen Schloss und Tiergarten herstellte. Ihr Name Hundebrücke erinnerte dabei an den Umstand, dass der Ort als Sammelpunkt der kurfürstlichen Jäger und der Hundemeute vor dem Ausritt in den nahen Tiergarten diente. Drei Monate nach Friedrich Wilhelms Erlass reichte Schinkel einen aus acht Zeichnungen bestehenden Entwurf ein, mit dem er auf die exponierte städtebauliche Lage reagierte und den Vorschlag für ein Bauwerk schuf, das an die Freiheitskriege der Jahre 1813/15 erinnern sollte. 1821 begannen die Bauarbeiten an der Sandsteinbrücke, die seitdem den westlichen Spreearm auf drei Sandsteinbögen überspannt und die volle Breite der „Linden" übernahm. Statt des mittleren Bogens verfügte Schinkels Brücke zunächst über Brückenklappen, die um 1900 geschlossen wurden. Zum bildhauerischen Schmuck gehörten die gleichfalls nach Schinkels Entwürfen gestalteten gusseisernen Geländer mit Motiven von Seepferden, Tritonen und Delphinen, während die vier Granitsockel auf beiden Seiten zunächst leer blieben und erst unter Friedrich Wilhelm IV. zwischen 1853 und 1857 ihre von Schinkel konzipierten Siegesgöttinnen mit Kriegern erhielten. Die von den Künstlern Gustav Blaeser (1813–1874), Friedrich Drake (1805–1882), Karl Heinrich Möller (1802–1882), Hermann Schievelbein (1817–1867), Ludwig Wichmann (1788–1859), Albert und Emil Wolff (1814–1892 bzw. 1802–1879) sowie August Wredow (1805–1891) ausgeführten Marmorgruppen erregten in ihrer Nacktheit Anstoß. „Die Befürchtung, die guten Sitten der Berliner und der Berlinerinnen könnten durch den Anblick der Statuen gefährdet werden, ließ […] den Kultusminister von Raumer beim König beantragen, die Gruppen wieder zu entfernen und im Zeughaus zu verschließen." (Krieger) Abgenommen indes wurden die Figuren erst im Zweiten Weltkrieg. Von Westberlin gelangten sie 1981 nach Ostberlin und 1984 zurück auf die Sockel der Schlossbrücke.

Der Lustgarten

Die früheste offizielle Erwähnung des Lustgartens findet sich unter der Herrschaft des Kurfürsten Albrecht III. Achilles in einem Dokument des Jahres 1471. Allerdings wird allgemein vermutet, dass die Geschichte des Gartens ebenso lang ist, wie die des ersten unter Friedrich II. Eisenzahn ab 1443 entstandenen Schlosses. Detaillierte Berichte über den neu angelegten Nutz- und Küchengarten finden sich in einer von Kurfürst Johann Georg 1573 ausgefertigten Urkunde, in der er den Gärtner Desiderius Corbinianus zu seinem „Gerdtner auf ein Jahr lang oder so lang es uns gefeldt" (Krieger) anstellte und das teils noch immer sumpfige Terrain in einen Nutz- und Küchengarten verwandeln ließ. Der Dreißigjährige Krieg hinterließ im Herzen Cöllns eine verwüstete und verwahrloste Schloss- und Gartenanlage, die ab 1645 unter dem Großen Kurfürsten Friedrich Wilhelm zu neuer Blüte gelangte. Unter der Oberleitung des Militär- und Artillerieingenieurs Johann Moritz (Maurits) von Nassau und des kurfürstlichen Lustgärtners (Hofgärtners) Michael Hanff (1619–1678) entstand ein völlig neuer Garten nach holländischem Vorbild. Das vom Schloss zum Cöllnischen Werder hin abfallende Gelände wurde terrassiert und die Mittelachse des

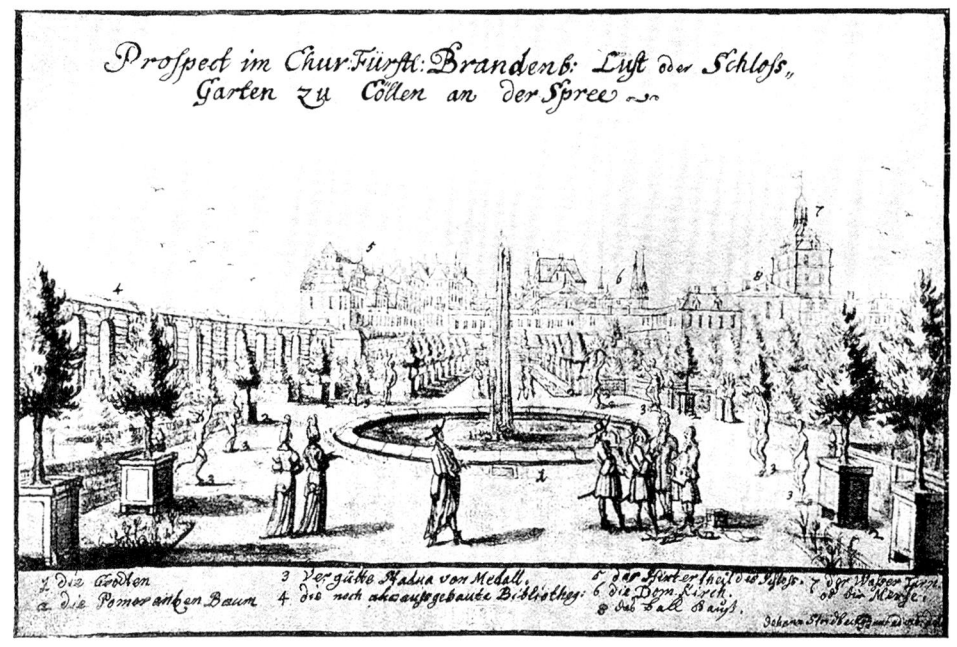

Johann Stridbeck d. J.: Blick vom Lustgarten zum Schloss, aquarellierte Federzeichnung, 1690

Gartens auf den Inneren Schlosshof hin ausgerichtet. Die Gartenteile waren durch Stufenanlagen miteinander verbunden. Die oberste Terrasse am Schloss, doch von diesem durch eine Mauer getrennt, nahm etwa die Tiefe des Apothekengebäudes ein und bildete den eigentlichen, mit Statuen besetzten Blumengarten, der auch einen Springbrunnen mit liegendem Neptun enthielt. Über sieben Stufen gelangte man in den Untergarten, der nur wenige Meter über dem Hochwasserstand der Spree bis in die Höhe

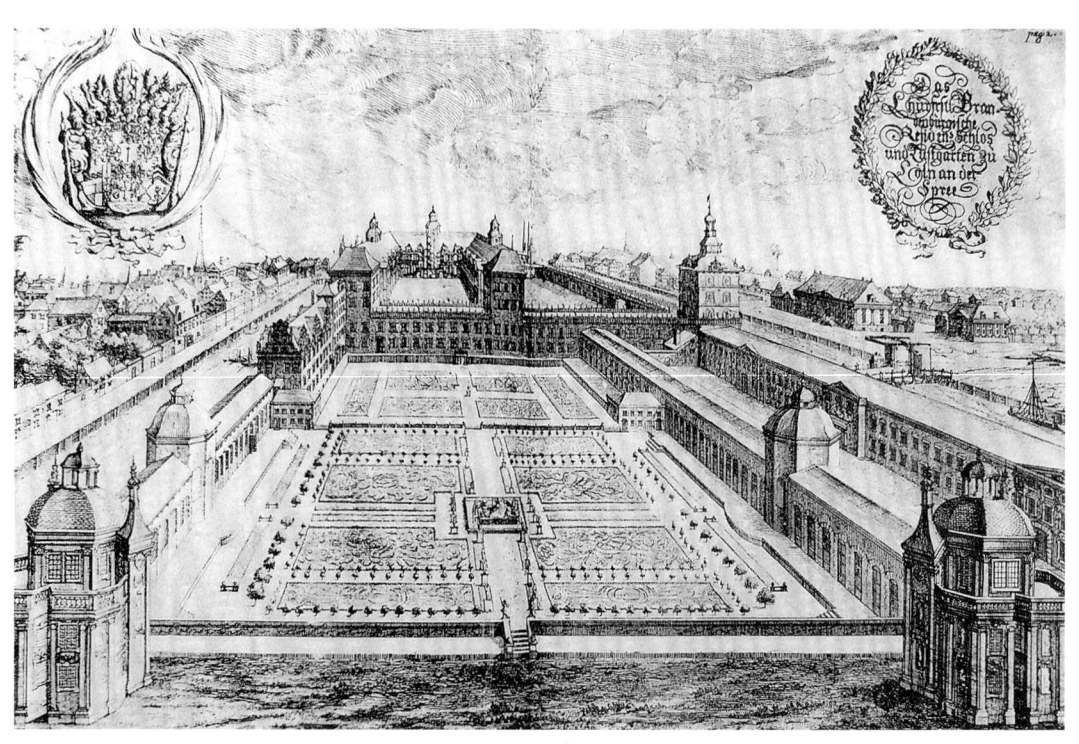

Johann Sigismund Elsholtz (1623–1688) – vermutlich nach Johann Gregor Memhard[t]: Entwurf für den Umbau des Schlosses zu einer Dreiflügelanlage um den Lustgarten, Kupferstich, 1666. Im Jahr als Elsholtz seinen Entwurf vorlegte, wird das Berliner Schloss als „eine Wüsteney" bezeichnet, nachdem sich der Große Kurfürst zwischen 1662 und 1669 mehr und mehr dem nach holländischen Vorbildern errichteten Potsdamer Stadtschloss zugewandt hatte. Elsholtz' Titelkupfer seiner Arbeit „Vom Gartenbaw" sollte das Berliner Schloss erneut in den Mittelpunkt rücken. Der Entwurf blieb unausgeführt. Erst Ende der 1670er Jahre sind wieder Um- und Erweiterungsarbeiten am Schloss belegt.

La Hayes Stich aus dem Jahre 1706 zeigt in idealtypischer Weise den Blick von der obersten Terrasse des Blumengartens durch den Untergarten in den durch einen Quergraben getrennten Hintergarten mit Nerings Pomeranzenhaus. Mit dem 1658 begonnenen Festungsbau bildete dieses Orangeriegebäude zugleich den Abschluss des Gartens nach Norden. Rechts im Hintergrund fällt der Blick auf das 1650 errichtete Memhard[t]-sche Lusthaus samt Grotte, das Friedrich Wilhelm I. 1738 der Berliner Kaufmannschaft als Börse überließ und 1798 zu Gunsten eines Neubaues (1801/05) abriss. Nerings Orangeriebau wich 1865 der (Alten) Nationalgalerie.

des heutigen Alten Museums reichte und wiederum als statuenbesetzter Blumengarten mit Fontäne gestaltet war. Einen zeittypischen Einblick dieses Gartenteils vermittelt Johann Stridbecks „Lust oder Schloss=Garten zu Cölln an der Spree" von 1690 (Abb. S. 47).

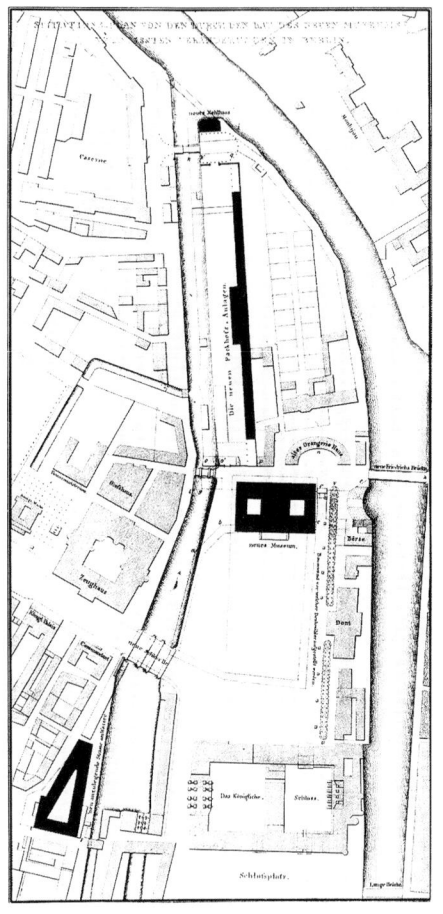

Mit der unter Friedrich II. erfolgten Verlegung des Doms in den Lustgarten (1747–1750) und nicht zuletzt mit dem Bau des (Alten) Museums schrumpfte der Lustgarten auf seine heutige Größe. Schinkels „Situations-Plan von den durch den Bau des Neuen Museums veranlaßten Veränderungen in Berlin" gibt den Zustand von 1823 wieder. Im gleichen Jahr begannen vorbereitende Bauarbeiten. Neben dem Museumsbau änderte auch der Bereich des ehemaligen Hintergartens mit dem neuen Mehlhaus (1824–1826), den Packhofgebäuden (1828–1832) und dem Salzmagazin (1834) – die im Übrigen alle nach Plänen Schinkels errichtet wurden – vollständig sein Gesicht.

Stridbeck lässt den Betrachter dabei von der zentralen großen Fontäne des Untergartens durch die Hauptallee zum Schloss blicken. Noch tiefer als der Untergarten lag der Hintergarten, etwa im Bereich der heutigen Museumsinsel, der aus Lindenalleen und -plantagen bestand, wofür man eigens 700 Linden aus Holland nach Berlin importierte. Hier fand sich auch der Küchengarten mit dem Neringschen Pomeranzenhaus von 1685. Unter dem Soldatenkönig Friedrich Wilhelm I. verwandelte sich der Lustgarten Anfang des 18. Jahrhunderts zeitweilig zu einem Exerzierplatz.

Parallel mit dem Bau des (Alten) Museums reichte Schinkel 1828 einen Plan zur Neuanlage des Lustgartens ein, die bis 1832 erfolgte und Einflüsse des Landschaftsarchitekten Peter Joseph Lenné (1789–1866) aufnahm. An die Stelle des Exerzierplatzes Friedrich Wilhelms I., der unter Friedrich Wilhelm III. durch Friedrich Gilly (1772–1800) in eine von doppelreihigen Pappeln umsäumte Rasenfläche verwandelt worden war, trat wieder eine aufwändigere Gartenanlage. Sie bestand aus sechs von grün gestrichenen Gittern und Kugelakazien eingefassten Rasenparterres, die durch ein System geradliniger und sich kreuzender Wege unterbrochen waren. Das zentrale Wegekreuz markierte eine Fontäne, die im Oktober 1830 in Betrieb genommen wurde. An den Außenseiten des Parterres, parallel zur Spree und der Domseite ließ Schinkel Baumreihen mit Ahornbäumen anlegen, wobei er den Mittelrisalit des Domes aussparte, um den Blick darauf nicht zu verstellen. Hausherrs Stich gibt die Szenerie nach Aufstellung der Granitschale im Jahre 1840 wieder. Rechts im Hintergrund findet sich noch Friedrich Christian Becherers (1747–1823) Börsenneubau von 1801/05.

Zur Jahrhundertwende zeigte sich Schinkel und Lennés Gartenkomposition des Lustgartens stark verändert. Die zentrale Fontäne hatte Albert Wolffs (1814–1892) knapp sechs Meter hohem Reiterdenkmal Friedrich Wilhelms III. Platz gemacht. Es wurde nach dem Sieg über Frankreich am 16. Juni 1871 anlässlich des Einzugs der preußischen Truppen in Berlin eingeweiht und fortan von zwei kleineren Fontänenbecken gesäumt. Die 1828/29 von Christian Gottlieb Cantian (1794–1866) aus einem der Markgrafensteine der Rauenschen Berge bei Fürstenwalde geschaffene, blankpolierte Granitschale trat dabei trotz ihres beachtlichen Durchmessers von sieben Metern in den Hintergrund.

Bis zum Abriss des Schlosses 1950/51 säumten Schlossterrassen den Komplex auf drei Seiten, von denen die ältesten unter Friedrich Wilhelm IV. zwischen 1842 und 1845 auf der Lustgartenseite entstanden waren und aus zwei Teilen bestanden. Eine Unterbrechung erfuhren die Balustradenreihen lediglich durch Portal IV, dessen Zufahrt durch die beiden Rossebändiger des russischen Bildhauers Peter Clodt von Jürgensburg (1805–1867) besonders akzentuiert war. Die beiden knapp vier Meter hohen Bronzegruppen bildeten ein Geschenk des russischen Zaren Nikolaus I. an Friedrich Wilhelm IV. und gelangten nach 1945 in den Kleistpark.

Der von Schinkel umgebaute Dom und die Lustgartenfassade gegen Mitte des 19. Jahrhunderts

Der Dom

Die Lithographie aus der Zeit um 1850 mit der Lustgartenfassade im Hintergrund zeigt bereits die Veränderungen, die Johann Boumanns 1747 bis 1750 errichteter Dom zwischen 1820 und 1822 erfuhr. Der Berliner Baudirektor Johann Boumann d. Ä. (1706–1776) hatte den Kirchenraum als quergestelltes Saalviereck mit umlaufenden Emporen und dem Altar auf der nördlichen Schmalseite konzipiert und den gesamten Raum zur Aufnahme der Hohenzollerngruft unterwölbt. 1817 begann Schinkel zunächst mit den Umbauarbeiten des Inneren, indem er den Altar an die Südwand verschob und den Raum, den eine Flachdecke abschloss mit einer kassettierten halbrunden Tonne

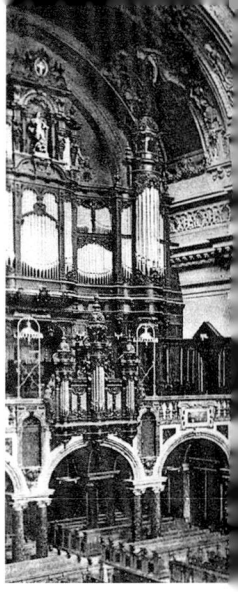

oben: Blick in die Predigtkirche mit Orgel, Kanzel und Altarraum

links oben: Die alte Domkirche nach dem Schinkelschen Umbau, Blick zum Altar

links unten: Der Dom von Südwesten mit dem Schinkelplatz im Vordergrund in den 1930er Jahren

unten: Vestibül des Kaiserlichen Treppenhauses mit Kaisertreppe

überwölbte. Vor dem Altar wurde 1833 der von Christian Daniel Rauch (1777–1857) geschaffene Taufstein aufgestellt. Der sich anschließende Umbau der Fassaden verlieh dem Gebäude ein klassizistisches Aussehen. Dazu gehörten die Erweiterung der westlichen Vorhalle zum Lustgarten und die Hinzufügung zweier Nebenkuppeln zur vereinfachten Hauptkuppel.

Julius Carl Raschdorffs (1823–1914) Dombau ersetzte 1905 den Boumann-Schinkelschen Vorgängerbau, nachdem ein 1842 nach Plänen Friedrich August Stülers (1800–1865) begonnener Neubau durch die Revolution von 1848/49 gestoppt worden war und ein Wett-

Die Kavalierbrücke im Jahr 1880. Im Hintergrund befinden sich noch das Hofoffiziantenhaus und dahinter der ursprüngliche Apothekenflügel.

bewerb 1867 zu keinem Ergebnis geführt hatte. Für Raschdorffs Bau bewilligte das preußische Abgeordnetenhaus einen „einmaligen Zuschuß von 10 Millionen Mark zum Neubau des Doms […] und einer Gruft für das preußische Königshaus". Es entstand ein geosteter Zentralbau in gründerzeitlichem Neobarock mit aufstrebender Tambour-Kuppel über der zentralen Predigtkirche, an die in axialer Verbindung nördlich die 1975/76 abgebrochene Denkmalskirche und südlich die Tauf- und Traukirche anschloss. An der südwestlichen Ecke fügte Raschdorff hinter der Kaiserlichen Unterfahrt das mit verschiedenfarbigen Marmorarten besonders repräsentativ gestaltete Kaiserliche Treppenhaus ein. Parallel führte ein von der Otis Elevator Company New York eingebauter Fahrstuhl zum Emporengeschoss.

Kavalier- und Kaiser-Wilhelm-Brücke

Anders als der repräsentative Zugang des Schlosses von Westen war das Schloss von Osten her nur über die Lange Brücke / Kurfürstenbrücke erreichbar. Bereits 1712 verband die so genannte Kavalier- oder Burgbrücke in Höhe des Hofoffiziantenhauses

Die neue repräsentative Brücke erhielt den Namen Kaiser Wilhelms I. und entstand zwischen 1886 und 1889. Die Ansicht aus der Zeit um 1900 zeigt einen Blick von Nordosten auf den Spree- und den Lustgartenflügel mit dem verkürzten Apothekengebäude. Charakteristisch ist der neobarocke Schornstein dahinter als Hinweis auf das zur Spree hin gelegene 1892/93 entstandene Maschinenhaus für die elektrische Beleuchtung des Schlosses.

Dem Straßendurchbruch fielen 1885 das gesamte Hofoffiziantenhaus und etwa die Hälfte des Hofapothekengebäudes zum Opfer. Der Blick von Westen her zeigt die Auffahrt zur Brücke um 1900. Die turmgeschmückten Eckhäuser an der Kaiser-Wilhelm-Straße entstanden 1884 bis 1897 nach Plänen der Architekten Cremer & Wolffenstein – Wilhelm Cremer (1854–1919) und Richard Wolffenstein (1846–1919) – im Auftrag einer Aktiengesellschaft. Während die Häuser im Zweiten Weltkrieg in Schutt und Asche sanken, blieben die beiden Seitenöffnungen der Brücke erhalten und wurden in den Neubau integriert.

und der Hofapotheke die beiden Spreeufer miteinander, bis sie 1771 aufgrund ihrer Baufälligkeit abgebrochen wurde. An ihrer Stelle entstand 1827 bis 1832 ein von einer Aktiengesellschaft finanzierter Neubau, den man gegen Zahlung eines halben Groschens überqueren konnte und der den Namen Sechserbrücke erklärt, den sie daraufhin im Volksmund erhielt. Ihr älterer Name Kavalierbrücke wird auf die Kavaliere des Hofes zurückgeführt, die von Berlin in Richtung Schloss unterwegs waren und den Umweg über die Lange Brücke im Süden oder die Große Pomeranzenbrücke im Norden scheuten. Die Konzession für den Brückenzoll des Neubaues galt für 40 Jahre und wurde 1846 an die Dombaukommission abgetreten, die den Erlös zugunsten des Dombaufonds verwendete. Zum 1. Januar 1872 wurde der Brückenzoll abgeschafft. 1885 waren schließlich auch die Tage des hölzernen Stegs gezählt, der zwischen 1886 und 1889 durch die steinerne Kaiser-Wilhelm-Brücke ersetzt wurde.

Der Aussenbau

Luftaufnahme des Schlosses von Südwesten mit Lustgarten und Dom (links) und Schlossplatz (rechts).

Der älteste Teil des Schlosses fand sich auf der Ostseite entlang der Spree. Die „Spreefront" war über Jahrhunderte gewachsen und wandte ihr Antlitz dem noch mittelalterlich strukturierten Herzen Berlins zu. Diese ältesten Gebäudeteile umschlossen mit dem kleinen Kapellen- und dem größeren Eishof die kleinsten der vier Höfe des Schlosses. Ähnlich einem Scharnier war der Bezug der anderen Flügel zur umgebenden Bebauung gestaltet und mit ihr verwoben, ganz gleich ob durch den alten Jagdweg der Straße „Unter den Linden", das barocke Zeughaus, den südlich des Schlosses errichteten Marstall oder Dom und (Altes) Museum. Lagen sich Schlüters Portale I und V noch gegenüber und bildeten die Mitte des Kleinen Schlosshofs bzw. die Hauptachse des barocken Lustgartens, so fand sich Martin Heinrich Böhmes 1716 entstandenes Portal II bereits in der Flucht der Breiten Straße (Abb. S. 59, links). Es gehörte mit den Portalen III und IV bereits zur 1707 unter Eosander v. Göthe begonnenen Verdoppelung des Schlüterschen Schlosses nach Westen, das seinen Höhepunkt in Eosanders Triumphportal (III) fand. Dass am Schloss fortwährend gebaut wurde, verdeutlicht die nordwestliche Gebäudeecke um den Weißen Saal. Ihnes Pläne, den südwestlichen Flügel zur Schlossfreiheit ebenso umzugestalten wie den Weißen-Saal-Trakt blieben gleichermaßen Projekt wie der Abriss von Lynars Quergebäude (Abb. S. 59, Bildmitte) zu Gunsten eines barocken Neubaues. Nicht zuletzt die Fassaden an Schlossplatz- und Lustgartenseite sowie der Kleine Schlosshof wiesen das Gebäude mit seinem nicht unwesentlichen skulpturalen Schmuck als solches der Kurfürsten und Könige von Brandenburg-Preußen aus.

Die Spreefassade

Ähnlich einem Bilderbuch der Geschichte vereinte der spreeseitige Flügel die ältesten Bauteile des Schlosses. Von Süden her kommend bestand die im Laufe der Zeit gewachsene Front aus dem Stechbahnflügel Joachims II., den Andreas Schlüter barock überformt und umgebaut hatte. Der einstige Stechbahn- bzw. Schlossplatzflügel stieß an den Turm der von Caspar Theiss errichteten Erasmus-Kapelle aus dem 16. Jahrhundert, die an ihrer charakteristischen Apsisrundung erkennbar war. Dagegen verschwand der „Grüne Hut", der seinen Namen der später aufgesetzten kupfernen Turmhaube verdankte, als ältester Bauteil fast völlig zwischen dem Theissschen Kapellenturm und dem Haus der Herzogin. Er stammte noch von der Cöllnischen Stadtbefestigung und datierte ins 13. Jahrhundert. Hinter seinen meterdicken Mauern lagerten über Jahrhunderte Teile der Schlossbibliothek. Es folgten das unter dem

Die Spreefassade von Osten. Im Vordergrund fällt der Blick auf den ältesten Teil mit der Erasmus-Kapelle, dem hier verdeckten Grünen Hut, dem Haus der Herzogin, dem Neringschen Galerieflügel und dem Kurfürstenflügel.

Grafen zu Lynar 1585 bis 1590 erbaute Haus der Herzogin und schließlich Nerings Ende des 18. Jahrhunderts angefügter, einstmals in den beiden unteren Geschossen offener Arkadenbau mit der Braunschweigischen Galerie und jener Gewichttreppe, mittels derer es Friedrich III./Friedrich I. möglich war, an Regentagen im Trockenen spazieren zu gehen. Im rechten Winkel schloss der Kurfürstenflügel an, den der Große Kurfürst um 1680 auf den Mauern des alten Zeughauses hatte errichten lassen. Ein flaches, direkt neben der Spree gelegenes, für die elektrische Beleuchtung des Schlosses errichtetes Maschinenhaus von 1892/93 ersetzte das Hofoffiziantenhaus. Es stand der Durchführung der Kaiser-Wilhelm-Straße genauso im Weg wie das 1585 erbaute Hofapothekengebäude (auch: Hofapothekenflügel), das nach Norden um mehr als ein Drittel gekürzt wurde.

Blick auf den erst unter Kaiser Wilhelm II. an der Südostecke des Schlosses entstandenen kleinen Schlossgarten. Die Pläne dazu hatte Hofgartendirektor Franz Vetter (1824–1896) im Rahmen der Anlage der Spreeterrassen 1895/96 vorgelegt und den Garten mit einer in Palermo angekauften barocken Marmorfontäne geschmückt, so dass er einen lebendigen Mittelpunkt erhielt. Das teils dichte Laub der Bäume verdeckte neben dem Ostteil des alten Stechbahnflügels Joachims II. meist auch den Turm(stumpf) der Erasmus-Kapelle, für die Albert Geyer eine entsprechende Fotocollage vorlegte, die den Turm als Rekonstruktion des Joachimschen Schlossbaues zeigte.

Die Schlossplatzfassade

Im gleichen Jahr, als man Andreas Schlüter die Bauleitung zum Zeughaus übertragen hatte, trat er ebenfalls als Architekt im Zusammenhang mit dem Umbau des Schlosses in Erscheinung. Bereits im Herbst 1698 begannen die Umbauarbeiten. Das eigentliche Modell dazu ist nicht erhalten, doch bieten grafische Ansichten wie die von Blesendorf (1701)(Abb. S. 24 oben) einen etwaigen Eindruck. Am Schlossplatz gab der Joachimsbau den dreieinhalbgeschossigen Wandaufriss vor, da er in den Umbau einbezogen werden musste. Dazu gehörte auch das östliche Eckrondell, das Schlüter um ein westliches ergänzte. Beide wirkten mit dem säulengeschmückten Portal (I) wie Streben, zwischen die er die jeweils fünfachsigen Fassadenflächen spannte. Kolossale, über 15 Meter hohe Freisäulen über zwei Geschosse hinweg, die Lasten trugen und nicht

Schlossplatzfassade von Südwesten, um 1900

Das von Martin Heinrich Böhme gestaltete Portal II lag in der Flucht der Breiten Straße.

nur dekoratives Beiwerk waren, boten ein völlig neues Erleben der Hauptfassade, die als „ein Gründungswerk des deutschen Barock" (Peschken, Bau) gilt. Allerdings war der Portalrisalit durch das nicht durchgehende Sockelgeschoss in zwei Teile gespalten, die erst Ende des 18. bzw. Anfang des 19. Jahrhunderts durch eine Balkonplatte wieder miteinander verbunden wurden. Mit durchgehenden

Das Reiterdenkmal des Großen Kurfürsten (Im Vordergrund) und die von ihm konzipierte Fassade des Schlosses weisen Andreas Schlüter als vielbegabten Bildhauer und Architekten aus. Schlüter ließ sich von Michelangelo (1475–1564) und Bernini (1598–1680) inspirieren. Seine in der Tradition der europäischen Architekturgeschichte stehende Berliner Konzeption ging in den geplanten Umbau des Louvre ein.

Blick auf Portal I. Die gesprengten Giebel des zweiten Obergeschosses wiesen die Etage als Hauptgeschoss aus. Sie trugen in der Mitte die Initialen Friedrichs III. „F III" mit Kurhut und Szepter.

Stockwerksgesimsen und der Dachbalustrade betonte Schlüter die Horizontale, übrigens auch bei den Portalen, die durch ein stark plastisch ausgeprägtes Gebälk waagerecht abgeschlossen waren. Der bauplastische Schmuck nahm von unten nach oben zu. Die Verdachungen des Mezzanins mit ihren von Widderköpfen gehaltenen Girlanden und Adlern „konnte man als Auszeichnung des Hauptgeschosses verstehen." (Hanemann) Den Fassadenteil von Portal II bis zur Schlossfreiheit fügte Schlüter-Schüler Martin Heinrich Böhme (1676–1725) als Nachfolger Eosander von Göthes bis 1716 unter Friedrich Wilhelm I. an. Der Fassadendekor wurde gemäß der Schlüterschen Gliederung fortgeführt. Mit dem Abriss des alten Domes 1747 erhielt der Schlossplatz seine volle Größe und die 166 Meter lange Fassade ihre ganz eigene Wirkung.

Gegensätze zwischen plastischer Mitte und flächigen Flanken an der Schlossplatzfassade gestaltete Schlüter im Innenhof nicht in der Breite, sondern in der Höhe, wie die Risalite mit den Vollsäulen im unteren und den Pilastern im oberen Bereich verdeutlichten. Hier ein Blick auf den Ostflügel (rechts) mit dem Portalrisalit (I) des Großen Treppenhauses im Jahr 1890.

Der Kleine Schlosshof (Schlüterhof)
Ein wahrhaftes Überraschungsmoment bot der Kleine Schlosshof, der trotz seiner Bezeichnung und Abgrenzung zum Großen Schlosshof immer noch eine stolze Größe von rund 45 mal 72 Metern aufwies und sich vom prächtigen Hof des kurfürstlichen Schlosses zum repräsentativen Hof der Königsresidenz wandelte. Von seinem Regierungsantritt 1688 an hatte Friedrich III. damit begonnen den Innenhof umzugestalten und mit über zwei Stockwerken reichenden Bogengängen umziehen lassen, die mit jenen Halbsäulen geschmückt waren, die später nurmehr die drei Risalite zierten. Mitte der 1690er Jahre ersetzte ein zweiter Plan die ursprüngliche Bauidee, der die Treppenhäuser der Schmalseiten und die Verkleidung der Rückwände betraf. 1698 folgte nach dem Plan An-

dreas Schlüters und der Präsentation seines Schlossmodells der Abbruch der alten Dächer zu Gunsten der Flachdächer hinter der neu entstandenen Balustrade, 1699 der Abbruch der alten Renaissance-Wendeltreppen und 1700 nach erneut verändertem Plan der Einbau des Schlüterschen Treppenhauses als repräsentativer

Die Statuen am Mittelrisalit gehörten zu einem Bildprogramm aus Skulpturen römischer Könige und Allegorien der Herrschertugenden, mit denen die Portale des Kleinen Schlosshofs geschmückt waren. Sie alle dienten der Verherrlichung des neuen Königtums Friedrichs I.

Blick auf den Rittersaal-Treppenkasten von Portal V. Bei dieser eigenwilligen Lösung, die sich auf der Südseite beim Elisabethsaal wiederholte, ließ Schlüter entgegen der Unterbringung der Treppenläufe seitlich der Risalite „Risalit, Treppenhaus und Hauptsaal in eins fallen". (Hinterkeuser) Hinter der Fassade verbarg sich daher eine komplizierte Konstruktion, die Treppe und Festsaal auf engem Raum vereinte.

Eduard Gärtner (1801–1877): Kleiner Schlosshof nach Südosten, 1830. Die stimmungsvolle Ansicht gibt den Blick frei auf den Portalrisalit des Großen Treppenhauses (links), die durch Schlüter umgestalteten Arkaden, auf den Portalrisalit I und das Quergebäude (rechts). Alle Teile erstrahlen in einem warmen Sandsteinton.

Aufgang zu den Paradekammern. Gemäß der Steigerung der architektonischen Bauglieder von außen nach innen, beeindruckten die drei von Schlüter gestalteten Flügel mit ihrer aufwändigen Gestaltung. Zwar übernahm Schlüter die Gliederung der Fassaden bei Risaliten und Rücklagen von den Außenfronten, verwirklichte jedoch im Hofbereich ein viel komplexeres Programm, bei dem die drei neu gestalteten Flügel im Osten, Norden und Süden miteinander in

Lynarsches Quergebäude, Aufriss nach Geyer 1936

Dialog traten, und zwar: durch aufeinander abgestimmte Risalite und Rücklagen genannte Fassadenflächen zwischen den hervortretenden Risaliten, die an den Ecken fließend ineinander übergingen. Weit größere Pläne wie der Abriss des Lynarschen Quergebäudes samt Alabastersaal zu Gunsten einer eleganteren Eingangslösung unterblieben. Die von Schlüter auf der Basis der Neringschen Hofarkaden errichtete Hofgalerie, die in der Barockzeit nur unvollständig ausgeführt worden war, konnte erst 1874 komplettiert werden.

Das Quergebäude

Den Kleinen und den Großen Schlosshof trennte ein Gebäuderiegel aus zwei Teilen. Der größere und stattlichere war der 1593 bis 1595 unter Kurfürst Johann Georg entstandene Spätrenaissancebau Rochus Graf zu Lynars, der nördlich an den Stechbahnflügel Joachims II. anschloss, während der kleinere, wiederum nach Norden folgende erst in der Barockzeit, nach Angaben Nicolais zwischen 1681 und 1685 unter Nering, für den berühmten Alabastersaal entstand. Lynar, der zuvor an der

Blick in die Durchfahrt unter dem Alabastersaal vom Kleinen zum Großen Schlosshof

Nerings Trakt des Alabastersaales, der nördlich an das Lynarsche Quergebäude anschloss (Foto mit beiden Bauteilen vom Großen Schlosshof, um 1900) entstand auf dem Küchenflügel des Schlosses. Anders als die Zwillingsfenster der Küchenräume im Erdgeschoss zeichnete sich der darüber liegende Saal durch seine moderne Gestaltung und die jeweils fünf hohen längsrechteckigen Fensterbahnen aus. Im Zuge des barocken Umbaues des Schlosses durch Eosander und Böhme wurden beide Querbauten infolge der an Schlossplatz- und Lustgartenflügel zum Innenhof hin neu errichteten Risalite verkürzt und schwer beschädigt. Unglücklich wirkte sich 1873 eine neobarocke Überformung der Bauteile zum Kleinen Schlosshof hin aus.

Spandauer Zitadelle tätig war, schuf das Quergebäude als dritten Flügel des Schlosses, der von Anfang an zur Aufnahme von Gästen, Hofstaat und Verwaltungsbeamten vorgesehen war. Entsprechend seinem Nutzungszweck blieb das Äußere des Putzbaues schlicht. Die einzige Akzentuierung bildeten eine auskragende Galerie und die Zwerchhäuser, die die Dachlandschaft belebten. Eine Serie von Bauzeichnungen vom Keller bis zum vierten Obergeschoss ist erhalten geblieben, von denen der von Lynar eigenhändig signierte und auf den 7. April 1593 datierte Erdgeschossgrundriss eindeutig die Autorschaft des Architekten belegt. Als Bauleiter wird der Baumeister Peter Niuron genannt.

St. Georg im Großen Schlosshof
Von seiner Aufstellung 1865 bis zum Abbruch des Schlosses bildete das Denkmal des heiligen Georg den Mittelpunkt des Großen Schlosshofs. Geschaffen hat es der schlesische Bildhauer August Kiss (1802–1865), der seine Ausbildung an der Eisenhütte seiner Geburtsstadt Paprotzan bei Pless begann und in der Modelleurwerkstatt der königlichen Eisengießerei von Gleiwitz fortsetzte. Von

August Kiss: Denkmal des heiligen Georg, aufgestellt 1865

Eduard Gärtner hielt die Stimmung beider Schlosshöfe fest. Wie bei seiner Ansicht des Schlüterhofs richtete er 1831 im Großen Schlosshof den Blick nach Südosten auf das Portal II und dessen Durchfahrt zum Schlossplatz (im Hintergrund), den Alabastersaal und das Quergebäude (links) sowie auf das Portal III (Eosanderportal, rechts).

1822 an wirkte er als Gehilfe in der Modelleurwerkstatt der königlichen Eisengießerei Berlin, drei Jahre später als Schüler Christian Daniel Rauchs (1777–1857). Kiss' selbstständige Leistungen an Großplastiken entstanden erst nach 1838. Dazu gehörte zunächst seine 1843 auf der rechten Treppenwange des Alten Museums aufgestellte Plastik der kämpfenden Amazone, die aufgrund ihrer ungezügelten Dramatik heftige Diskussionen in der Berliner Kunstwelt auslöste und Kiss zum Durchbruch verhalf. Zu den großen Denkmalsbestellungen in der Folge gehörte auch das 1849 von ihm konzipierte und 1855 in Lauchhammer gegossene überlebensgroße Bronzedenkmal des Heiligen Georg als Reiter im Kampf mit dem Drachen. Es zählt zu seinen Hauptwerken.

Bekrönung des Portals IV im Großen Schlosshof. Der ganz nach Plänen Eosanders gestaltete Schlosshof verfügte über vier einachsige Portalarchitekturen, die zum Schlossplatz hin dem Portal II und der Hohenzollerntreppe (SW-Ecke) bzw. auf der Lustgartenseite der so genannten Höllentreppe (NW-Ecke) und dem Portal IV vorgeblendet waren. Alle waren mit aufwändigen Krönungsszenarien geschmückt. Das von Portal IV (Foto) zeigt links eine auf die Krone weisende Fama und rechts eine Fama mit Palmzweig.

Nach der Demontage erhielt es mitsamt dem mächtigen Granitsockel eine interimistische Aufstellung im Volkspark Friedrichshain, bis es 1987 ins Stadtzentrum zurückkehrte und einen Standort im Nikolaiviertel erhielt.

Die Westfassade mit Eosanderportal

Die Westfassade zur Schlossfreiheit beherrschte Seit Mitte des 19. Jahrhunderts Stülers mächtige Schlosskuppel über dem Eosanderportal. Daher waren die Fassadenfronten der Flügel zu beiden Seiten sehr zurückhaltend gestaltet, um die Wirkung des in der Art eines römischen Triumphbogens gestalteten Portals nicht zu beeinträchtigen. Die Spannungsgeladenheit der Schlüterschen Fassaden, Bauplastik und vertiefte Wandspiegel, die die Fronten entlang des Schlossplatzes und

Das Schloss von Südwesten, um 1900

Lustgartens prägten, waren hier zu Gunsten einer zurückhaltend-vornehmen Fassadengestalt ganz verschwunden. Das nach seinem Architekten benannte, um 1711 als Hauptzugang zum Großen Schlosshof entstandene Portal (III) hatte sein Vorbild in dem um 200 nach Christus errichteten, jedoch wesentlich kleineren Septimius-Severus-Bogen in Rom. Eosanders Pläne eines verdoppelten Schlosses konnten indes zwischen 1707 und 1713 nur zum Teil verwirklicht werden. Als Friedrich I. 1713 starb wurde der Architekt entlassen. Zu

Blick auf das Eosanderportal bei Nacht in den 1930er Jahren. Das Portal blieb 1713 unvollendet. Das Schriftband über dem Mittelbogen pries den Bauherrn Friedrich I., der mitten im Spanischen Erbfolgekrieg ein solches Werk habe beginnen können. Die Inschrifttafeln und Reliefs der Seitentore, wie die schmiedeeisernen Tore selbst, die Armaturenreliefs und das zu groß geratene Wappen ließ erst Kaiser Wilhelm II. hinzufügen.

Die Gliederung der Fassade, hier mit der Terrasse und den Rossebändigern vor Portal IV, orientierte sich mit ihren stockwerkstrennenden Gesimsbändern, dem Adlerfries und den Widderköpfen über dem Mezzanin sowie der Dachbalustrade an der des Schlossplatzes. Eosander führte ab 1707 bis 1713 den westlichen Teil mit dem etwas breiteren Portal IV nach Schlüters Konzeption unverändert fort. Allerdings mündete dieses Portal ähnlich wie das Portal II am Schlossplatz an der äußersten Ostseite in den Großen Schlosshof.

Die Lustgartenfassade von Nordosten. Im Hintergrund fällt der Blick auf die Kuppel des Eosanderportals.

diesem Zeitpunkt war der Flügel von Portal IV am Lustgarten bis zum Portal III vollendet, im Innern jedoch in Teilen noch als Rohbau (zum Beispiel der spätere Weiße Saal und die Weiße-Saal-Treppe). Zwischen 1713 und 1716 vervollständigte Eosanders Nachfolger, der Schlüter-Schüler Martin Heinrich Böhme den südlichen Teil des Westflügels bis hin zum Portal II, mit dessen Vollendung 1716 der längsrechteckige Bau seinen Abschluss fand. Während der Große Schlosshof mit Ausnahme des Quergebäudes nach Eosanders Plänen vollendet wurde, unterblieb die konsequente Fortführung der geplanten Schlosskuppel über Portal III. Erst Friedrich Wilhelm IV. ließ sie durch Friedrich August Stüler auf der Grundlage eines Entwurfs von Karl Friedrich Schinkel zwischen 1845 und 1853 zur Unterbringung der Schlosskapelle aufsetzen.

Die Lustgartenfassade
Während die Sprenggiebel des zweiten Obergeschosses am Schlossplatz noch die Initialen des Kurfürsten Friedrich III. schmückten,

Das Relief der Allegorie der „Gerechtigkeit" von Andreas Schlüter zierte ehedem das rechte Erdgeschossfenster von Portal V. Ihm entgegengesetzt war das der „Stärke". Anders als die massige Säulenstruktur am Schlossplatz waren die Portale durch Elemente figuraler Bauplastik geprägt. Neben den Allegorien trugen Hermen den Balkon des Rittersaales. Stärke und Gerechtigkeit standen dabei als Garanten für Frieden und Schutz nach außen und innen.

Portal V lag genau in der Mittelachse des Kleinen Schlosshofs und in der Hauptachse des barocken Lustgartens. Der auf korinthischen Säulen stehende Rundbogen, der überdies mit dem königlichen Wappen geschmückt war, deutete die Besonderheit des dahinter liegenden wichtigen Raumes an: der Rittersaal.

Der Hofapothekenflügel von Nordwesten

widmete Andreas Schlüter den Dekor auf der Lustgartenseite ganz dem frisch gekrönten König Friedrich I. Die bis auf den Hofapothekenflügel (oben) geschlossen wirkende Lustgartenfront, endete an Portal IV (Abb. S. 76), das bereits Eosander hinzufügte. Anders als die offizielle Fassade zum Schlossplatz, gestaltete Schlüter die zum Lustgarten hin orientierte Front heiterer und mit milderen Gegensätzen. Statt beeindruckender Vollsäulen blieben die Risalite stärker mit den Fassaden verbunden. Eosanders an Portal V orientiertes Portal IV zeichnete sich durch mehrfach übereinander liegende feingliedrige Pilaster aus. Während Schlüters Risalit ursprünglich wohl in einer Balustrade geendet hatte, schuf Eosander später die abschließende Attika. Beide zierten Allegorien der vier Jahreszeiten, die auf den angrenzenden Lustgarten Bezug nahmen: Portal V mit Frühling und Sommer sowie Portal IV mit Herbst und Winter.

Die Hofapotheke

Dreihundert Jahre – von 1585 bis 1885 – prägte der Spätrenaissancebau des Hofapothekenflügels die Nordostecke des Berliner Schlosses. Damals hatten der sächsische

Infolge der Durchführung der Kaiser-Wilhelm-Straße durch den Lustgarten und den Bau der Kaiser-Wilhelm-Brücke wurde der Hofapothekenflügel um mehr als ein Drittel abgebrochen. Diesem Umstand fiel neben dem Großen Laboratorium auch die Hälfte des Großen Apothekenzimmers zum Opfer. Der Blick zeigt die veränderte Front bei nächtlicher Beleuchtung in den 1930er Jahren.

Maurermeister Peter Kummer und der brandenburgische Hofapotheker Michael Aschenbrenner Entwürfe zum Neubau vorgelegt, die von dem seit 1578 in brandenburgischen Diensten stehenden Architekten und Festungsbaumeister Graf zu Lynar dem Kurfürsten Johann Georg zur Begutachtung vorgelegt wurden. Noch im gleichen Jahr (1585) erfolgte die Ausführung des zweigeschossigen Gebäudes mit dem steilen Satteldach und den charakteristischen beiden Zwerchhäusern. Lynars Ursprungsplänen zum Anschluss des Apothekenflügels an das so genannte „Dritte Haus", mit dem Lynar eine Vierflügelanlage um einen geschlossenen Innenhof konzipiert hatte, folgte der Kurfürst nicht. Der Bau entstand parallel zur Spree. Zu seinen modernen Errungenschaften gehörten die ersten geraden Treppenläufe im Berliner Schloss, angebaut in einem eigenen Treppenhaus an der

Der historische Schmuckerker im Stil der Neorenaissance an der Stirnfront des Hofapothekenflügels entstand 1886 nach Entwürfen von Friedrich Oskar Hossfeld (1848–1915).

südlichen Flanke des Gebäudes. Unter Kurfürstin Katharina erfolgte 1598 die Verlegung der Apotheke von Halle nach Berlin, wo sie das Gebäude mit der Münze teilte. Erst unter dem Großen Kurfürsten zog die Münze aus dem Apothekenflügel aus. 1798 entstandene Pläne des Hofbauamtes und eine dabei gemachte Bauaufnahme vermitteln einen Eindruck von der Disposition der Räume, die sich sämtlich zu ebener Erde in gewölbten Räumen befanden. Der Zugang erfolgte von Westen durch einen Flur, an den sich nördlich das Entrée-Zimmer anschloss. Dieser Raum war repräsentativ gestaltet. Weiter nördlich schloss das Große Apothekenzimmer an. Seinen Zugang säumten die in Nischen stehenden Figuren der „Gesundheit" und der „Heilung" mit den jeweiligen Überschriften „conservatio" und „sanatio". Über der Tür zeigte ein Schild die Darstellung der Bereitung von Medikamenten und deren Abgabe an Bittende; jenes trug die Umschrift: „Deo et Populo Pietas Principium". Weiter nördlich schloss sich die Stampfstube an, während spreeseitig das Große und das Kleine Laboratorium – getrennt durch Schneidekammer und Provisor-Stube lagen. Im Obergeschoss fand sich die Wohnung des Apothekers.

C. Albrecht nach Andreas Schlüter: Erster Entwurf zum Münzturm, Aufriss, 1718

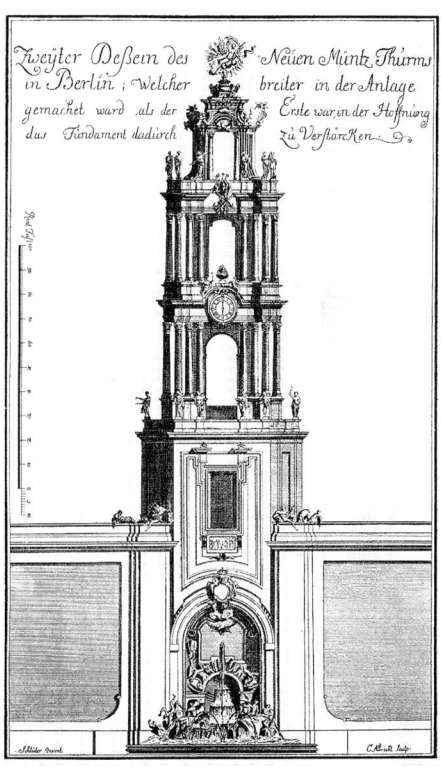

C. Albrecht nach Andreas Schlüter: Zweiter Entwurf zum Münzturm, Aufriss, 1718

Das Münzturmprojekt

Als der Hofgrottenmeister Johann Damnitz im Frühjahr 1701 die in schlechtem Zustand befindlichen Wasserkünste und Grotte im Lustgarten beklagt hatte, ordnete Friedrich I. Instandsetzungsmaßnahmen an. Zuvor aber sollten die Architekten Andreas Schlüter und Martin Grünberg (1655–1706/1707) ein Gutachten dazu vorlegen. Die Maßnahmen erstreckten sich auch auf den alten Turm an der Nordwestecke des damals noch alten niedrigen Vorschlosses, der neben dem Wasserreservoir der Fontänenanlagen und des Schlosses auch die kurfürstliche Münze beherbergte. Nach dieser Einrichtung hatte der Turm auch seinen Namen erhalten. Statt ihn lediglich zu erneuern, konzipierte Schlüter einen völlig neuen, repräsentativen Turm, der neben den Glocken der Schlosskapelle, und denen des Uhrwerks auch ein Glockenspiel aufnehmen sollte. Zudem dachte Schlüter auch an einen neuen Wasserbehälter, den bereits der alte Münzturm geborgen hatte sowie an eine mit Brunnenanlagen und Edelsteinen versehene Grotte. Mit einer geplanten Höhe von 300 Fuß, etwa 94 Metern, inklusive bekrönender Fortuna-Statue wäre dieser Münzturm nicht

Projekt eines Kuppelturmes über dem Eosanderportal (Portal III), lavierte Federzeichnung, 1728

nur Berlins höchster Turm geworden, sondern hätte weit über Preußens Grenzen hinaus Maßstäbe gesetzt. Schon Johann Arnold Nering hatte zum Münzturm einen, vor 1695 datierten Entwurf ausgearbeitet, von dem sich Schlüters geplanter Bau durch Größe und Ausstattung merklich abhob. Um 1701/02 erfolgte tatsächlich der Baubeginn des neuen stadtbildprägenden Bauwerks, der mit dem Abnehmen von Haube und Laterne des alten Gebäudes begann. Die nunmehr königliche Münze war zuvor in die damalige Unterwasserstraße verlegt worden. Neben verstärkten Fundamenten versuchte Schlüter den alten Turmschaft im Sockelbereich zu verstärken, indem er versuchte, die alten Mauern mit neuen zu ummanteln und allein durch Eisenanker zu verbinden. Das führte bereits 1703 zu ernsten konstruktiven Problemen.

Schon 1704 neigte sich der Turm nach Westen und bekam Risse, denen Schlüter mit einem bis 1705 errichteten 13 Meter hohen Mauerblock zu begegnen suchte. Drei riesige Steinpfeiler von rund 50 Fuß Höhe sollten schließlich die notwendige Stabilität gewährleisten. Die Nordwestecke stellte sich als besonders gefährdete Ecke heraus. In diese Richtung begann sich der Turm Ende Juni immer mehr zu neigen. Da hatte er bereits zwei Drittel seiner geplanten Höhe erreicht. In all seinen geplanten Funktionen war er somit nicht mehr zu gebrauchen. Noch ehe der König über die von einer eigens gegründeten Kommission erarbeiteten Vorschläge zur Nutzung des Torsos entscheiden konnte, war das Bauwerk eingestürzt. Schlüter verlor dadurch seine Stellung als Schlossbaudirektor und die Gunst des Königs schlagartig.

DIE INNENRÄUME — DAS ZWEITE OBERGESCHOSS

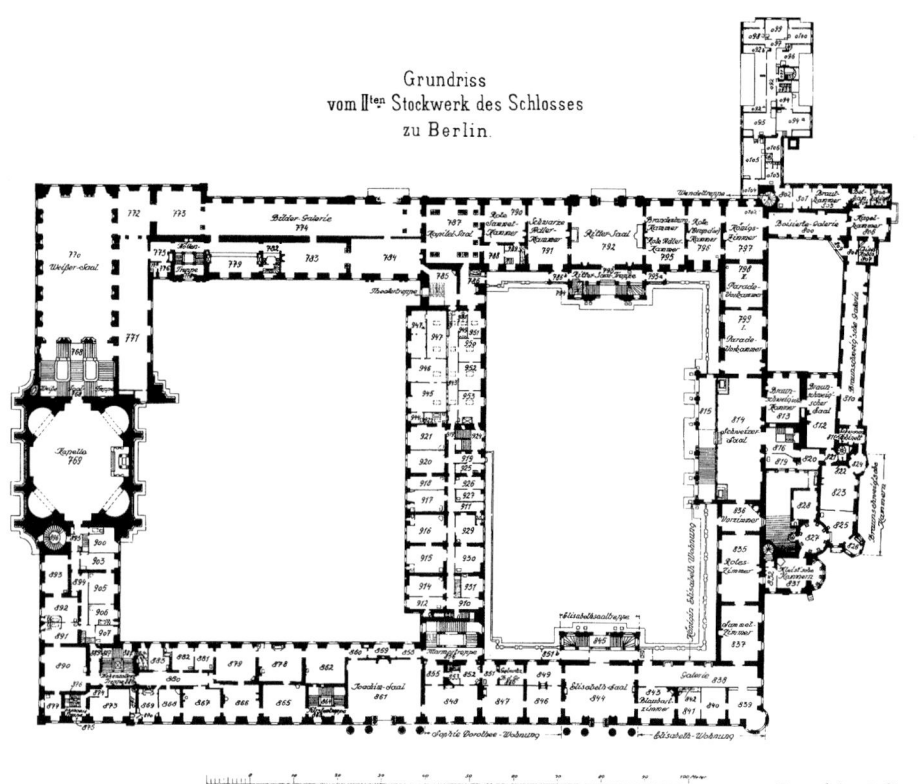

Grundriss, Juli 1933

Detail der Stuckdekoration in der Durchfahrt von Portal V

Die Paradekammern

Die Paradekammern waren die eigentlichen Repräsentationsräume König Friedrichs I., die der Monarch mit dem Erwerb der Königskrone 1701 in ihrer Ausdehnung und unter Einbeziehung der Alten Paradekammern verdreifachen ließ. Zu den bestehenden Räumen des bereits 1699 begonnenen Treppenhauses (344, 641, 815), des Schweizer Saales (814), der beiden Paradevorkammern (798, 799) und des Königszimmers (797) traten eine Audienz- und eine Zeremonialsuite. Für beide Suiten nahm der Rittersaal (792) die Funktion eines äußeren Vorzimmers ein, dem bei der Audienzsuite die Brandenburgische Kammer (795) als inneres Vorzimmer folgte, die sodann in die Rote Kammer (796) als eigentliches Audienzzimmer mündete. Die Zeremonialwohnung

war nach Westen hin gerichtet und bestand aus der Schwarzen-Adler-Kammer als zweitem Vorzimmer (791), dem Schlafzimmer der Roten Samt-Kammer (790) und der Privatkapelle, dem späteren Kapitelsaal (787). Gemäß ihrer Anlage dienten all diese nicht zuletzt am Versailler Vorbild orientierten Räume allein der Repräsentation. Als Eosander 1707 an Stelle des abgesetzten Schlüter die Bauleitung übernahm und das Schloss nach Westen hin verdoppelte, dehnten sich die Paradekammern über die Bildergalerie (774) bis zum Weißen Saal (770) und der unter Friedrich Wilhelm IV. entstandenen Schlosskapelle (769) aus. In diesen Räumen fanden bis zum Ende der Monarchie die wichtigsten Staatszeremonien und Hoffeste statt. Von 1921 an bis zur Zerstörung bargen sie als Schlossmuseum die Sammlungen des Kunstgewerbemuseums.

Großes Treppenhaus (344, 641, 815)

Das vom Kleinen Schlosshof aus erreichbare Große Treppenhaus bildete den Hauptzugang des Schlosses und führte über den Schweizer Saal nach Norden in die Paradekammer des

Großes Treppenhaus von Nordwesten

Lustgartenflügels und nach Süden in die Elisabethkammern. Die Gestaltung dieses zwischen 1701 und 1706 entstandenen Treppenhauses lag in den Händen von Andreas Schlüter und gilt als eine der bedeutendsten Schöpfungen seiner Raumkunst sowie als eines der schönsten Treppenhäuser des Barock überhaupt. Mit dem Großen Treppenhaus schuf Schlüter eine Symbiose, indem er Rampe und Treppe in einem einzigen barocken Raum zu einem Gesamtkunstwerk vereinte. Beide Aufgänge hatten ehedem als separate Treppentürme die westliche Front des Spreeflügels geprägt. Nun fanden sie sich in einem einzigen Raum wieder, dessen Herz durch zwei Geschosse reichte. Dieser Mittelraum beherrschte durch seine reiche, doppelt übereinander gestellte Säulenarchitektur die Treppenanlage. Die von Schlüter geschaffenen Skulpturen an den Treppenwangen zwischen dem ersten und zweiten Obergeschoss erzählten vom Kampf der olympischen Götter mit den Giganten, einem Mythos der Antike, der auch im Decken-

Über allem thronte Zeus, wohl als Verkörperung Friedrichs I. (Ostseite), wiederum als Plastik, der einen Blitz aussandte.

Athene (Westseite), ebenfalls als Plastik ausgeführt, unterstützte den Kampf mit Schild und Lanze.

Der Schrägblick zeigt das Große Treppenhaus vom obersten Treppenpodest aus. Der Blick fällt auf Belaus Deckenfresko und die beiden Türflügel mit reichem Schnitzdekor – so genannte Tropaia (Trophäenschmuck) –, die als fester Bestandteil zum Bildprogramm des Raumes gehörten.

Die Giganten sind als Teil der Architektur dargestellt. Ihre Lasten bekamen sie in Form von waagerechten Stürzen förmlich „aufgeladen".

fresko Nikolaus Bruno Belaus (1684–1747), Schüler des Hofmalers Augustin Terwesten d. Ä. (1649–1711), aufgegriffen wurde und auf ideale Weise Plastik und Malerei vereinigte. Wie im Elisabethsaal war Giovanni Simonetti (1652–1716) an der Ausführung der nach Schlüters Entwürfen entstandenen Skulpturen beteiligt.

Schweizer Saal (814)

Unmittelbar über Schlüters Großem Treppenhaus am Kleinen Schlosshof lag der von ihm gestaltete Schweizer Saal. Er verdankte seinen Namen der Schweizergarde der „Neufchâteller", die den Saal als Aufenthaltsraum nutzte. Von 1707 bis 1857 gehörte Neufchâtel zu Preußen und stellte ein Bataillon Garde. Der 27 Meter lange, knapp zehn Meter breite und ebenso hohe Raum wies mit 9:3 Achsen eine strenge Gliederung durch Pilaster mit korinthischen Kapitellen auf. Darüber lag eine Frieszone mit Graumalerei. In den einzelnen Feldern, die zur Treppenhaus-Seite als Fenster ausgebildet waren, wiesen Darstellungen von Kriegswaffen auf den Nutzungszweck des Raumes hin. Gegenüber der hölzernen Eingangswand, die Treppe und Saal schied, blickte man zu beiden Seiten der Querachse auf zwei mächtige Kachelofen-Kamine. Die zentrale Bogentür sollte nach

Schweizer Saal nach Norden, vor 1921

Schlüters Plänen die Wohnung des Königs und der Königin erschließen, doch blieben sie unausgeführt. Die Architektur der Wände

Der Blick auf die Deckenkehlung (Voute) der Zweiten Paradevorkammer vermag nur einen kleinen Eindruck des in diesem Raum besonders reich gestalteten Deckenschmucks zu geben, dessen zentrales Deckengemälde in Gestalt einer Art Spiegelöffnung Augustin Terwesten gestaltet hatte. Der plastische Schmuck, der geschlossene und gesprengte Giebel (Foto) in der Kehlung variierte, stammte auch hier von Andreas Schlüter.

Das Königszimmer als dritter Raum der Paradekammern hatte wohl seit Kurfürst Johann Georg die Funktion des Paradeschlafzimmers, das zugleich letzter offizieller und wichtigster Empfangsraum des Fürsten war. Beim Umbau Wilhelms II. blieb die Gestaltung der Decke erhalten, deren vergoldete Scheinarchitektur auf Schlüter zurückging. Die vier Ecknischen der Voute schmückte Schlüter mit Allegorien, darunter in der Südostecke zur Zweiten Vorkammer die Enthüllung der Wahrheit durch die Zeit.

Paul Carl Leygebe: Tabakskollegium König Friedrichs I. in der Roten Kammer, um 1710

setzte sich in Terwestens Deckengemälde fort, wo sich – nur durch das Gesims getrennt – Trabanten und Zuschauer aus allen möglichen Ländern hinter einer mit üppigen Blumenvasen geschmückten Balustrade fanden, die, sich miteinander unterhaltend, auf die Ankunft des Monarchen warteten. Darüber spannte sich ein Wolkenhimmel. Als mögliche Zutat Friedrich Wilhelms IV. werden die gemalten Büsten in den Scheinnischen und das Tafelparkett vermutet und eine einfachere Gestaltung angenommen (Peschken). Der Schweizer Saal erschloss nach Süden die Elisabethkammern. Nach Norden diente er als repräsentativer Zugang zu den Paradekammern.

Rote Kammer / Drap d'or-Kammer (796)
Paul Carl Leygebes (1664–nach 1730) Ölgemälde gewährt einen zeitgenössischen Blick in

Die Wände zeigten bei Schlüters Neueinrichtung die ursprüngliche namensgebende rote Wandbespannung aus Samt. Sie wurde im 19. Jahrhundert durch eine Brokattapete ersetzt. Dabei erhielt die Rote Kammer auch den Namen Drap d'or-Kammer (Goldbrokatzimmer). An Stelle des Thronbaldachins fand sich Ende des 19. Jahrhunderts Wilhelm Camphausens (1818–1885) Monumentalgemälde „Kaiser Wilhelm I. auf dem Schlachtfeld bei Gravelotte". Die Möbel indes stammten aus der Zeit Friedrichs des Großen. Die Ansicht zeigt den Raum während der Regierungszeit Kaiser Wilhelms I.

Reiche Vergoldungen und Verspiegelungen an den Fensterlaibungen, den Spiegelpfeilern, der Voute, der Decke und ehedem auch der Wände selbst zeichneten diesen Raum als einen besonderen aus. Die gleichfalls verspiegelten Supraporten (Foto) enthielten im Zentrum über einer Balustrade das mit Königskrone, Palmzweig und Lorbeergehängen reich geschmückte verschlungene Monogramm König Friedrichs I. mit seinen verdoppelten Initialen F(ridericus) R(ex).

die von Andreas Schlüter gestaltete Rote Kammer (796) um 1710 und zeigt im Hintergrund König Friedrich I. und seine dritte Gemahlin Sophie Luise umgeben von den Mitgliedern des berühmten Tabakskollegiums. Zum reichen plastischen Schmuck des Raumes gehörte eine Balthasar Permoser zugeschriebene stuckierte Kartusche aus Alabaster über dem Kamin. Sie zeigte Minerva und einen weiblichen Genius beim Präsentieren der preußischen Königskrone. Anders als das Königszimmer (797) enthielt der Raum auf beiden Schmalseiten Fenster, die jedoch bei der abendlichen Szenerie verdunkelt waren. Türen an beiden Innenwänden eröffneten entlang der Hof- und Lustgartenseite den Blick in die Enfilade der Paradekammern. Entstanden indes war der Raum in der Funktion eines

Durch kühn geschwungene Scheinarchitekturen aus massiven Attiken mit sich einziehenden Kanten fasste Andreas Schlüter das Deckengemälde der Brandenburgischen Kammer ringsum ein. Sie leiteten zu Samuel Theodor Gerickes (1665–1730) Deckengemälde über, das einen Genius zeigte, der die Königskrone im Olymp empfing.

„Grand Cabinet" bereits unter Kurfürst Johann Georg – damals bereits als Rückzugs- und Beratungsraum seiner Kabinettspolitik. König Friedrich I. nutzte ihn um 1713/15 als Audienz- und Konferenzzimmer.

Rittersaal (792)

Der Rittersaal war „das prunkvollste Hauptstück der Raumkunst Schlüters". Gemäß seiner Bezeichnung unterschied er sich vom Alabastersaal, denn er war als offizieller Fest- und Speisesaal des Königs für die engste Hofgesellschaft – der Ritter des Schwarzen Adlerordens – konzipiert. Ganze 407 Ordensverleihungen waren von der Stiftung des Ordens am 18. Januar 1701 bis zum Ende der Monarchie erfolgt, die die Exklusivität dieses höchsten preußischen Ordens unterstrichen. Zunächst aber sollte dieser über Portal V zur Hauptachse des Lustgartens hin orientierte Raum, von

Rittersaal nach Osten mit Blick zum Silberbuffet, 1930er Jahre

dem aus man den Straßenzug der Linden überblicken konnte, mitsamt den angrenzenden Räumen für das Appartement der Königin ausgebaut werden, dem spiegelbildlich zum Schlossplatz um den späteren Elisabethsaal das Appartement des Königs entsprochen hätte.

Mit den Darstellungen der vier Erdteile über den Türen der Enfilade (siehe auch Seite 97) hat Andreas Schlüter meisterhafte Gruppen geschaffen: Europa mit der Pallasbüste, Afrika mit dem Löwen, Amerika mit dem Lama und Asien mit dem Elefanten.

Doch mit dem geänderten Nutzungszweck gestaltete Schlüter den Rittersaal als Höhepunkt der barocken Prachtentfaltung des Schlosses überhaupt. Breite kannelierte korinthische Pilaster mit Adlerkapitellen gliederten die Wände und nahmen auf den Zweck des Saales Bezug. Das darüber liegende Gesims durchbrachen geschweifte Giebel mit plastischen Geniengruppen, die zu Johann Friedrich Wentzels d. Ä. (1670–1729) Deckengemälde überleiteten. Marmorweiß, Silber, Gold und nicht zuletzt das Blau des Deckenspiegels bestimmten den Raumeindruck des knapp zehn Meter hohen prachtvollen Saales. Zur Pracht trug das 1703 vollendete, nach Eosanders Entwürfen gestaltete Silberbuffet bei. Dieses

Prunk- und Schaubuffet war in der Augsburger Goldschmiede von Albrecht und Ludwig Biller entstanden. Neben seinem künstlerischen Reiz diente es der Geldanlage. Der Amtliche Führer von 1921 nannte neun Schüsseln mit elf Kannen, neun Flaschen, zwei Kühlbecken, die große Wasserblase mit Becken, zwei Pastetenterrinen mit Puttenreliefs sowie mit Adlern und Engeln auf dem Deckel als zum ursprünglichen Bestand gehörend. Hinzu kamen zwei Terrinen aus der Zeit des Soldatenkönigs Friedrich Wilhelms I. Ebenfalls dem Zweck der Geldanlage hatte der unter Friedrich Wilhelm I. 1739 nachträglich eingefügte Trompeterchor über dem Zugang der Hofseite gedient. Seine reliefierte Schauseite war aus massivem Silber getrieben und hatte kriegerische Szenen zum Inhalt. 1745 ließ Friedrich II. das Original aus der Werkstatt des Hofgoldschmieds Johann Christian Lieberkühn d. Ä. (1669–1733) zur Finanzierung des Zweiten Schlesischen Krieges einschmelzen

Das prächtige Deckengemälde von Johann Friedrich Wentzel pries die Regierungstaten Friedrichs I. Es reichte in seiner Verschmelzung von Malerei und Stuckaturen weiter in den Raum hinein, als in den Räumen ringsum. Die Taten Friedrichs, wie dessen „weises Regiment", fanden ihre Entsprechung in der Frieszone, wo etwa die Taten des Herkules dargestellt waren.

In den Scharen der olympischen Gestalten des Wentzelschen Deckenbildes waren Genien mit den Bauplänen des Zeughauses und des Lietzenburger/ Charlottenburger Schlosses (Foto) zu entdecken. Sie priesen und verherrlichten die Taten Friedrichs I.

Schwarze-Adler-Kammer, Westwand mir Camphausens Reiterbild Friedrichs II., um 1935

und durch eine Kopie aus versilbertem Holz ersetzen. Über den beiden Marmorkaminen an der Ostseite fanden sich die vergoldeten Reliefs des Apollo und des Marsyas.

Schwarze-Adler-Kammer (791)
Die Schwarze-Adler-Kammer erhielt ihren Namen nach dem von Friedrich I. anlässlich seiner Krönung gestifteten Schwarzen Adlerorden, dem dieser, westlich an den Rittersaal

Die Wände gliederten Pilaster aus Stuckmarmor mit korinthischen Kapitellen. Statt den ursprünglichen Wandteppichen nahm die analog zur Roten-Adler-Kammer gestaltete textile Wandbespannung aus Damast mit ihren eingewebten schwarzen Adlern Bezug auf die Thematik und Dekoration des Raumes. Hier ein Blick nach Osten auf das Silberbuffet des Rittersaals.

grenzende Raum thematisch gewidmet war. Als räumliches Gegenstück zur Roten-Adler- oder Brandenburgischen Kammer hatte die Schwarze-Adler-Kammer die Funktion eines letzten Vorzimmers vor dem Schlafzimmer der Paradekammern. Wie die übrigen Räume des östlichen Lustgartenflügels ging die wandfeste Ausstattung auf Andreas Schlüter zurück, wurde jedoch im Laufe der Jahrhunderte wiederholt restauriert und verändert. Friedrich Wilhelm IV. hatte an diesen Überarbeitungen einen nicht geringen Anteil, denn er ließ durch Friedrich August Stüler in den Räumen Türblätter, Supraporten und, wie in der Schwarzen-Adler-Kammer auch die Wandbespannungen erneuern. Die Westwand zur Roten Samtkammer nahm im 19. Jahrhundert Camphausens Monumentalbild „Friedrich der Große mit seiner Suite nach der Schlacht bei Leuthen" ein.

Das Deckengemälde von Paul Leygebe, hier ein Blick auf den Schwarzen Adler selbst, zeigte die Stiftung des Schwarzen Adlerordens durch Friedrich I., während die Stuckaturen mit den Reliefbildern des Königspaares geschmückt waren. Leygebes Deckengemälde gehörte mit den in der Voute von einem unbekannten Maler gestalteten vier Ausblicken in eine unbekannte Landschaft zu den qualitätvollsten Malereien im Berliner Schloss.

Rote Samtkammer (790)

Mit der Schwarzen-Adler-Kammer endeten die beiden Enfiladen. Nur die nördliche fand ihre Fortsetzung im Schlafzimmer der Paradekammern, dem repräsentativen Höhepunkt eines barocken Hofstaates. Die Zahl der Vorzimmer entschied über den Rang und mit jedem Vorzimmer schwand die Zahl derer, die tatsächlich bis zum Schlafzimmer des Monarchen vorgelassen wurden. Daher war dieser Raum auch viel kleiner als die übrigen. Allerdings sollte der Raum zunächst das der Königin aufnehmen, die am Ende keine neuen Räume erhielt. Stattdessen erhielt der Raum die Funktion des Paradeschlafzimmers des Königs, die ursprünglich das Königszimmer (797) innehatte. Bis zur Zerstörung blieb die ursprüngliche namensgebende Rote Samttapete mit ihren Silbertressen erhalten, ebenso das Deckengemälde von Paul Leygebe mit der Darstellung der Tageszeiten samt einem kostbaren italienischen Kronleuchter aus Bergkristall. Über dem einstigen Paradebett fand sich die beziehungsreiche Darstellung der Nacht. Die Wand zum Lustgarten zierten allegorische Frauengestalten, die jeweils ein großes preußisches Wappen hielten. Friedrich I., der selbst das Schlafzimmer der Kurfürstenzimmer (803) bewohnte, gab die Rote Samtkammer seiner dritten Frau Sophie Luise (1685–1735) zur Nutzung. Von der ursprünglichen

Rote Samtkammer, Blick nach Süden, nach 1918

Einrichtung verblieben bis zum Zweiten Weltkrieg unter anderem die Brustbilder Friedrichs I. und Sophie Charlottes (1668–1705) vom preußischen Hofporträtmaler Friedrich Wilhelm Weidemann (1668–1750) sowie ein Tisch und Sitzmöbel an Ort und Stelle.

Kapitelsaal (787)
Mit dem 1704 als Schlosskapelle entstandenen Kapitelsaal endete ursprünglich die Flucht des Schlüterschen Lustgartenflügels, bis Eosander den Gesamtbau des Schlosses 1706 nach Westen fortführte. Bei Eosanders Umgestaltung wurde die kaum fertig gestellte Schlosskapelle um etwa zwei Meter verkürzt. Ähnlich wie die Kapelle der Kurfürstin verfügte auch die Schlosskapelle im Zentrum des Deckengemäldes über eine kuppelartige Öffnung, über die vom Himmel her Tageslicht in den Raum drang. Anders als unter Eosander fortgeführt, bildete die Schlosskapelle den „Drehpunkt", denn von hier aus sollten die Paradezimmer im rechten Winkel an den Alabastersaal anknüpfen und über das Lynarsche Quergebäude

Samuel Theodor Gericke: Ansicht des gerade fertig gestellten Kapitelsaals, Blick nach Norden, 1704

1879 wurde die Schlosskapelle zum Kapitelsaal des Schwarzen Adlerordens umgebaut und dabei die Dekoration erneuert, darunter die Supraporten des Raumes.

zum Schlossplatz führen. Entsprechend der ursprünglichen Gliederung trugen 16 Stuckmarmorsäulen die ursprünglich umlaufende Galerie. Acht von ihnen hatte man zu Doppelsäulenstellungen zusammengefasst, die das Zentrum der Kapelle betonten. Gemäß der Anlage der Paradekammern war der (Kanzel-)Altar gewestet. Ihm gegenüber befand sich auf der Ostseite in einem beheizbaren verglasten Herrschaftsstand der Kirchstuhl des Königs, auf der Südseite, in der Emporennische, die Orgel. Den Umbau und die Verkürzung des Raumes nach Westen begründete Eosander mit

Die Südwand des Kapitalsaals nahm ein großformatiges Gemälde aus der Werkstatt Anton von Werners auf, das die Stiftung des Schwarzen Adlerordens am 18. Januar 1701 zum Thema hatte, während man an der Westwand einen Thronsessel samt Baldachin aufstellte, der sich an barocken Formen aus der Zeit Friedrichs I. orientierte.

verfaulten Balken – ein treffsicheres Argument, das zum Handeln nötigte. Diese Westseite schloss er mit einer gemalten Raumgliederung ab. Original erhalten blieben in dem von Schlüter ausgestatteten Raum die aufgearbeiteten Säulen samt den korinthischen Kapitellen und dem dreiseitig umlaufenden klassischen Gebälk, die Gliederung im Bogengeschoss, Teile der Rahmung der Eckmedaillons sowie ein Teil des Deckenstucks.

Bildergalerie, um 1900. Blick auf das Monumentalbild der Kaiserproklamation zu Versailles, das Kaiser Wilhelm I. anlässlich seines 80. Geburtstages von den Hansestädten Hamburg, Lübeck und Bremen als Geschenk erhalten hatte.

Bildergalerie (774)

Eine für barocke Schlösser typische Bildergalerie durfte auch in Berlin nicht fehlen. Gemäß der ursprünglichen Konzeption war sie im Lynarschen Quergebäude im Anschluss an den Alabastersaal als Verbindung der Wohnungen des Königs und der Königin vorgesehen. Jedoch hätte diese von Andreas Schlüter favorisierte Galerie letztendlich an den Räumen des Kronprinzen geendet, die

1914/16 ließ Kaiser Wilhelm II. den Raum durch Ernst-Eberhard v. Ihne zur Gobelingalerie umbauen. Eine geschnitzte Eichenholzvertäfelung rahmte die von Pierre Mercier d.J. und Casteels nach Entwürfen der niederländischen Maler Cornelis Bega (1620–1664) und Rutger v. Langerfeld (1635–1695) bis 1699 gewirkten sechs großen Bildteppiche, die die Kriegstaten des Großen Kurfürsten verherrlichten. Die zu einer Folge von insgesamt acht Teppichen gehörenden Tapisserien bilden einen „der bedeutendsten Komplexe preußischer Geschichtsdarstellung in der Kunst" (Peschken). Die Ansicht mit Blick zum Weißen Saal entstand in den 1930er Jahren.

sich im Schlossplatzflügel in Höhe der Domkirche und des Quergebäudes befanden. Nach Schlüters Sturz schlug sein Nachfolger Eosander bei der Verdoppelung des Schlosses nach Westen die Fortführung der Galerie vor. Durch das Anfügen von Portal IV sah sich

Eosander zu dem Kunstgriff verleitet, zwischen Schlosskapelle (Kapitelsaal) und die geplante Galerie einen Saal einzufügen, der den unterschiedlichen Fenstergrößen Rechnung getragen hätte. Dafür kürzte er Schlüters Kapelle um eine Fensterachse, nicht aber ohne einen repräsentativen Ersatz im Bereich des späteren Weißen Saals vorzusehen. Am Ende entfiel der konzipierte Saal und Eosander musste die Galerie direkt an die Kapelle anfügen. Diesen Umstand glich er durch marmorne Säulenstellungen aus, mit denen er an beiden Galerieenden je eine Art Vorraum schuf, an die dann die ab 1707 erbaute und wohl zwischen 1710 und 1712 ausgestattete Galerie als rund 60 Meter langer, 7,50 Meter breiter und 9,40 Meter hoher Raum anschloss. Über den schlichten Wänden, die die Gemäldesammlung Friedrichs I. aufnahmen, zog sich ein breites Konsolgesims mit Adler- und Trophäenschmuck entlang. An den Längswänden des Gesimses blickten die sehr plastisch gestalteten vier Erdteile auf den Betrachter herab. An den Schmalseiten hingegen fanden sich zwei große Stuckreliefs, die beziehungsreich zum Nutzungszweck des Raumes den Künsten und Wissenschaften huldigten. Der Blick aus der Zeit nach der Elektrifizierung um 1900 zeigt in etwa die Mitte der Galerie mit dem Monumentalbild

Die begonnenen barocken Deckenmalereien der Werkstatt de Coxie wurden erst in wilhelminischer Zeit ergänzt und vollendet, darunter auch das zentrale Deckengemälde der Galerie mit einer Allegorie auf den Erwerb der Königskrone.

Königinzimmer Wilhelms II., um 1900

der „Kaiserproklamation zu Versailles", das Kaiser Wilhelm I. anlässlich seines 80. Geburtstages von den Hansestädten Hamburg, Lübeck und Bremen als Geschenk erhalten hatte.

Königinzimmer (783)
Seitlich der Bildergalerie zum Großen Schlosshof hin ließ Wilhelm II. durch seinen Architekten Ernst v. Ihne das Königin-Zimmer verlegen, das sich ursprünglich zwischen dem Ende der Bildergalerie und dem Weißen Saal befunden hatte und dem dortigen Umbau geopfert wurde. Peschken bezeichnete den Innenausbau des neuen Raumes als „Glanzstück historistischer Raumkunst", da es v. Ihne gelungen war, den nunmehr dreiachsigen Raum in seiner Einrichtung außerordentlich

elegant am Vorbild von Versailles auszugestalten. An das Vorbild erinnerten die aus farbigem Marmor zusammengesetzten Sockel und die edle Gestalt der Laibungen. Hennings Führer durch „Das Königliche Schloss in Berlin" nennt unter den Bildnissen des Raumes die Darstellungen Sophie Charlottes, Sophie Luises, Sophie Dorotheas, Elisabeth Christines, Luise, Elisabeth, Augusta, Friederike Wilhelmine und der Kaiserin Friedrich.

Weißer Saal (770)
Unter den Festräumen erlebte der Weiße Saal als mit Abstand größter Raum des Schlosses die meisten Wandlungen. Der 1728 unter Friedrich Wilhelm I. an Stelle von Eosanders geplanter Schlosskapelle in nur fünfmonatiger Bauzeit errichtete Saal war notwendig geworden, um dem Besuch des polnischen Königs und sächsischen Kurfürsten Augusts des Starken einen entsprechenden Rahmen zu geben. Er umfasste fünf Achsen entlang der Schlossfreiheit und nahm die gesamte Tiefe des Flügels ein. Die eineinhalb Geschosse waren von einem nahezu elliptischen Tonnengewölbe überdeckt. Der eigentliche Deckenspiegel zeigte sich asymmetrisch im Raum und datierte vermutlich noch in die Zeit, als der Raum zur Kapelle ausgebaut werden sollte. Da sowohl die mit Stuckmarmor verkleideten Wände, deren Ornamente sparsamen Silber-

Weißer Saal in den 1880er Jahren

dekor aufwiesen, als auch der Deckenspiegel weiß gefasst waren, erhielt der Saal in der Folge seinen Namen. Zum plastischen Schmuck trugen die 16 von Bartholomäus Eggers († 1692) geschaffenen Statuen aus dem Alabastersaal bei – zwölf Kurfürsten- und sechs Kaiserstatuen –, die entlang der Längswände auf hölzernen Postamenten aufgestellt wurden und in ihren „lebhaften schönen Stellungen" dem Raum einen monumentalen Charakter verliehen. Besonders eindrucksvoll muss das Silberbuffet des Rittersaals im Weißen Saal gewirkt haben, der einen zusätzlichen Schmuck durch die zahl-

Weißer Saal nach Norden, Zustand unter Kaiser Wilhelm II.

reichen Kron- und Wandleuchter sowie die Kandelaber erfuhr. Rumpf erwähnte 1794 zudem die vier Kamine an den beiden Schmalseiten, von denen zwei „von grauem und weißem bareuthischem [!] Marmor", die beiden anderen „von Gipsmarmor" ausgeführt waren. 1836 wurde dieser Saal „in verschiedenen Farbtönen in Leimfarbe, der Benennung des Saales entsprechend" instand gesetzt. Doch bereits 1844 ließ Friedrich Wilhelm IV. den Raum durch Friedrich August Stüler komplett neu gestalten, wobei die Abschlusswand des neuen, zur Schlosskapelle hin verlängerten Treppenhauses, zum Saal geöffnet wurde. Parallel dazu ließ Friedrich Wilhelm auch die Querwand zum Lustgarten öffnen, die auf Saalebene in der Nordwestecke des Schlosses einstmals das Tabakskollegium Friedrich Wilhelms I. aufgenommen hatte. Mit der Weitung des Saales erzielte Stüler eine „günstige und reizvolle Erweiterung" (Geyer). Den über zwölf Meter hohen Raum gliederte er horizontal durch ein unterhalb der Mezzaninfenster umlaufendes Gesimsband, auf dem er zwischen den Fenstern auf Sockeln stehende Karyatidenpaare anordnete, die die Verkröpfungen des Haupt-

arl Graeb (1816–1884): Die Weiße-Saal-Treppe, Aquarell, um 350. Im Zuge der Schaffung der Schlosskapelle über dem Eonderportal, das damals noch Mühlenportal genannt wurde, lt es, die Zugangssituation für das 1844 bis 1852 erbaute otteshaus adäquat zu lösen. Friedrich Wilhelm IV. ließ dabei e Weiße-Saal-Treppe repräsentativ verlängern.

ick zum Altar, der ähnlich wie der 1850 entstandene und in r Potsdamer St. Nikolaikirche befindliche Altar ein von kostren ägyptischen Marmorsäulen und korinthischen Kapitellen tragenes Ziborium erhielt. Die Kanzeln/Lesepulte zu beiden iten bestanden aus Carrara-Marmor. Die Sitzordnung in der apelle war genau festgelegt. Im Halbkreis um den Altar saßen e Majestäten und Prinzen des Königlichen Hauses, rechts Mister und Botschafter, links wirkliche Geheime Hofräte und enerale und im Hintergrund Hofstaat und Geladene.

gesimses stützten. Die bislang schmucklose Voute erhielt darüber reich umrahmte Nischen mit sitzenden Figuren samt dazwischenliegenden Feldern mit figürlichen Malereien, die in direktem Bezug zum preußischen Staatswesen standen. In 18 Reliefporträts waren berühmte Staatsmänner, Gelehrte und Künstler dargestellt. In sechs weiteren Bildern entlang der Voute fanden sich die Ansichten der acht preußischen Provinzen. Dabei waren etwa Brandenburg und Preußen zusammengefasst, um dem Symmetriegedanken des Raumes zu entsprechen. Ein abermaliger Umbau unter Kaiser Wilhelm II. von 1891/92 bis 1902 durch Ernst Eberhard v. Ihne schuf durch eine Vergrößerung des Raumes auf 16 mal 32 Meter und die zum Großen Schlosshof hin angefügte Weiße-Saal-Galerie ein ganz neues Raumbild. Dafür sorgten schon die Doppelpilasterstellungen, die den Saal vertikal gliederten. Die darüber anschließende weiß und gold gefasste Kassettendecke hatte v. Ihne um eineinhalb Meter angehoben. Sie zeigte die vier Wappenschilde des Hohenzollern-, Brandenburger, Königs- und Kaiserwappens sowie die von Otto Lessing geschaffenen Reliefs. Eine indirekte elektrische Beleuchtung unter dem Deckengesims erzeugte durch meterlange Glasröhren ein völlig neues Raumerlebnis.

Schlosskapelle (769)

Über die Weiße-Saal-Treppe gelangte man in die Schlosskapelle, einen Zentralraum, der bei den Besuchern des kaiserlichen Schlosses zur Jahrhundertwende durch seine majestätischen Verhältnisse und durch die überaus gediegene Ausstattung einen imposanten Eindruck hinterließ. Dazu beigetragen haben mag der weite, 22,4 Meter lange, 20,8 Meter breite und knapp 35 Meter hohe Raum, der rund 700 Menschen aufnehmen konnte. Der Kapellenbau selbst war erst 1844 bis 1852 nach Plänen Friedrich August Stülers über dem Portal III (Eosanderportal) entstanden. König Friedrich Wilhelm I. hatte zunächst auf den schon im 18. Jahrhundert geplanten Kuppelbau eines Kirchturms über dem Eosanderportal verzichtet, nachdem er den für die Schlosskapelle vorgesehenen Raum zum Hauptfestsaal umgewandelt hatte. Erst Stüler konnte mit dem achteckigen Kapellenraum über dem barocken Prachtportal den Ursprungsplan Friedrichs I. vollenden und mit dem Kuppelkreuz über der von acht Cherubinen getragenen, die Kuppel bekrönenden Laterne die enge Verbindung von Thron und Altar zum Ausdruck bringen. Die unter König Friedrich Wilhelm IV. stärker betonte christliche Manifestation seiner Herrschaft setzte sich auch im Innern fort, wo unter der technisch-modernen Eisenkuppel ein überreich gestalteter Innenraum entstanden war. Dabei hatte die Tendenz, altkirchliche Elemente mit dem evangelischen Glauben zu verbinden, überwogen, etwa durch die Darstellung der Märtyrer des Christentums und der ersten christlichen Monarchen bis in die jüngste Gegenwart mit König Friedrich Wilhelm III. Marmormosaiken schmückten den Fußboden, während die Wände durch abwechselnd farbige Marmorplatten mit Vergoldungen und Malereien gestaltet waren: beide nach Vorbildern der italienischen Renaissance. Die Zwickelfüllungen der Bögen zeigten Darstellungen der vier Evangelisten, die Geburt und die Auferstehung Christi sowie im Zentrum über dem Altar das heilige Abendmahl und zur Weißen Saaltreppe hin die Ausgießung des Heiligen Geistes. Genutzt wurde die Schlosskapelle unter anderem bei Hochzeiten, Einsegnungen oder Geburtstagen von Mitgliedern des Herrscherhauses, für Ordensfeste und anlässlich der Eröffnung des Reichstages. Eine Orgel fehlte. Stattdessen übernahm der Domchor die musikalische Begleitung der Gottesdienste. Am 24. Mai 1853 wurde die Schlosskapelle geweiht.

Schlosskapelle, Altar, um 1900

Die Kurfürstenkammern

Die Kurfürstenkammern verbinden sich vor allem mit dem Namen des Großen Kurfürsten Friedrich Wilhelm. Er ließ wohl um 1678/79 im Anschluss an das Paradeschlafzimmer der Staatssuite (797) und auf dem Erdgeschossgrundriss des Alten Zeughauses des Kurfürsten Johann Georg seine Wohnung errichten, den so genannten Kurfürstenflügel. Er war zur Spree hin orientiert und lag in etwa im rechten Winkel zum Hofapothekenflügel. Mit der Braunschweigischen Galerie (810) verband er 1685 seine Wohnung mit der Wohnung seiner Frau, die im Haus der Herzogin untergebracht war. Sämtliche Räume lagen gemäß der übernommenen Tradition aus der Renaissancezeit im zweiten Obergeschoss. Nach dem Regierungsantritt Friedrichs III. ließ er die väterliche Wohnung weiter ausstatten und einrichten. In der Literatur ist sie als „Wohnung Friedrichs I." bekannt, da der nachmalige König die Zimmer als Privatwohnung weiter nutzte. Vor dem Ausbau des Kurfürstenflügels hatten Kurfürst und Kurfürstin die Räume im Herzogin-Haus gemeinsam genutzt. Zu den neuen Räumlichkeiten der Wohnung Friedrichs I. gehörten die Kleine Galerie (800), die Kugelkammer (806), die nachmalige Brautkammer (803) samt Kabinett (801), die Betkammer (804), das Kronkabinett (805) und nicht zuletzt das Chinesische Kabinett (807).

Brautkammer (803)
Die Brautkammer das einstige Schlafzimmer des Kurfürsten, umfasste zur Zeit des Großen Kurfürsten rund zwei Drittel der Länge der

Brautkammer, Museale Präsentation nach 1921

Brautkammer, Kartusche mit den Initialen „FR" für Fridericus Rex" – gemeint ist König Friedrich I. in Preußen.

parallel dazu gelegenen Kleinen Galerie (800). Der ungewöhnlich lange, dreiachsige Raum wurde unter Friedrich I. geteilt: in das verkleinerte Schlafzimmer (803) und das westlich angrenzende Kabinett (801). Dabei blieben die in der Zeit des Großen Kurfürsten entstandenen Deckenstuckaturen und die entsprechenden Deckengemälde Jacques Vaillants (1625–1691) von 1680 erhalten, im Kabinett zudem auch das original marmorierte Deckengesims. Vaillants Malereien stellten in drei Szenen den Mythos des Apoll' dar, zwei von ihnen befanden sich im abgeteilten Schlafzimmer, das dritte Deckengemälde im Kabinett. Die Funktion als Brautkammer erhielt das kurfürstliche Schlafzimmer erst unter Friedrich Wilhelm I. Die Gestaltung der Wände ging auf Eosander zurück. Dazu gehörten die mit Grotesken auf Goldgrund geschmückten Füllungsfelder des Wandsockels mit Vergleichsbeispielen in Charlottenburg ebenso, wie die Pilaster an den Wänden, die mit rotem Goldbrokat bespannt waren. Im Kontrast dazu standen die Wandflächen in

Blick auf die südliche Tür der Betkammer (804), die mit einem schönen Fries aus Akanthus und Spiegelglas geschmückt war. Der etwa rund 4,50 Meter mal 3,50 Meter kleine Andachtsraum schloss östlich an das Schlafzimmer des Kurfürsten/Königs an.

Die Kugelkammer (806) verdankte ihren durchaus ungewöhnlichen Namen vier hier aufbewahrten Kanonenkugeln, die die Schweden 1631 bei der Belagerung Berlins auf die Stadt abfeuerten und die durch die Decke des Schlosses geschlagen waren. Besonders reich gestaltete man den Fußboden, der die Intarsien Kurfürst Friedrichs III. trug. Zwölf Kurfürstenporträts schmückten die Wände des ehedem wohl von Friedrich I. als Wohn- und Audienzzimmer genutzten Raumes. Ähnlich der Brautkammer diente der Raum seit Friedrich Wilhelm I. als Unterzeichnungsort der Eheverträge des königlichen Hauses.

schwarzem mit Gold- und anderen Fäden reich besticktem Samt, dessen Gestaltung teilweise auf Königin Sophie Charlotte und ihre Hofdamen zurückgehen sollte.

Der Kamin in der Südostecke des Raumes stammte aus der Zeit Friedrichs I. Darauf

Chinesisches Kabinett, Ansicht von 1916

deutete die Kartusche über dem Halbrund des Spiegels mit seinen Initialen „FR" für „Fridericus Rex". Die Entwürfe für den mit Blick auf die Umgebung nicht ganz passend wirkenden Kamin werden Eosander zugeschrieben.

Chinesisches Kabinett (807)
Das wohl vor 1700 eingerichtete „Chinesische Kabinett" (807) im Kurfürstenflügel stellte ein frühes Beispiel der damals weitverbreiteten Ostasienmode dar. Seine Wandverkleidung bestand aus einer geschnittenen und bemalten chinesischen Lackarbeit, weshalb der Raum Anfang des 18. Jahrhunderts auch als Lackiertes Kabinett in Erscheinung trat. Die schwere, in Form eines Barockgewölbes gestaltete Barockstuckdecke stammte noch aus der Zeit des Großen Kurfürsten, als das Chinesische Kabinett und der angrenzende Raum (808) ein gemeinsames Kabinett bildeten, das in die nach Süden hin an-

Chinesisches Kabinett, Eckzone der Voute mit Putten und Kriegsgerät, darunter das mit Blättern besetzte Gesims und ein Ausschnitt der chinesischen Lacktafeln

Getreu der Wanddekoration zeigte das Schlossmuseum nach 1921 in musealer Präsentation Gestelle aus Rotlack mit chinesischen Porzellanvasen.

grenzende Braunschweigische Galerie überleitete. Hinweise darauf bot die schwere barocke Stuckdecke mit ihren Lorbeerwülsten, posaunenden Putten und sonstigem

Braunschweigische Galerie, Blick nach Süden, 1916

Dekor, die keinerlei Bezug zur chinoisen Ausstattung hatte. Sockelpaneele und Türfüllungen indes waren japanische Lackarbeiten bzw. Nachschöpfungen der Berliner Werkstatt von Gérard Dagly. Unter Friedrich Wilhelm I. erhielten die Räume um die Brautkammer jeweils neue Funktionen. Im Chinesischen Kabinett setzte man den Bräuten Brautkrone und Schleier auf.

Die Braunschweigische Galerie (810)

Die an der Ostseite des Eishofs gelegene Braunschweigische Galerie, ehedem Teil der Braunschweigischen Kammern, war 1685 unter dem Großen Kurfürsten entstanden und diente noch seinem Sohn Friedrich III./Friedrich I. als private Verbindung zwischen seinen Privatgemächern und denen seiner Gemahlin. Dabei besaß der zuletzt über 35 Meter lange Raum mit einer Falltür eine Besonderheit in Form einer so genannten Gewichttreppe, eine Falltreppe mit Gegengewicht, über die Friedrich die ehedem offenen Arkaden des Mittelgeschosses unter der Galerie erreichen und dort spazieren gehen konnte, bevor sie im 18. Jahrhundert geschlossen wurden und der Raum zur Hausbibliothek kam. Die eigentliche Galerie hatte ihren Namen von der lange Zeit mit dem hohenzollernschen Herrscherhaus verbundenen herzoglich-braunschweigischen Familie erhalten, die in den östlich an den Schweizer Saal angrenzenden Räumen und denen im Haus der Herzogin Quartier nahm. König Friedrich Wilhelm I. ließ zudem am Nordende der Galerie einige Räume abteilen, um hier die Hofdamen der Braunschweiger unterzubringen. Wiederhergestellt wurde die mit Fensterreihen auf beiden Seiten ausgestattete, ehedem lichtdurchflutete Galerie unter Friedrich Wilhelm IV. ab 1854. Dabei wurden die Stuckaturen mit langgezogenen Akanthusranken, Putten und Trophäen aus Waffen wiederhergestellt, die Paneele nach denen der Brautkammer kopiert und Türen und Supraporten nach Vorbildern in Charlottenburg gestaltet. In den nunmehr vermauerten und verspiegelten Fensternischen zum Eishof ließ der König kostbare Porzellane aufstellen. Unter Wilhelm II. enthielten die Nischen „abwechselnd antike, Sèvres-, englische, russische und chinesische Porzellane." (Hennings) Das Schlossmuseum präsentierte hier seine Porzellangalerie mit deutschen Porzellanen des 18. Jahrhunderts.

Ehemalige Kapelle der Kurfürstin (828)

Der quadratische, rund fünf mal fünf Meter große, 8,50 Meter hohe fensterlose, einzig durch ein Oberlicht beleuchtete Raum der ehemaligen (Privat-)Kapelle der Kurfürstin war einer der frühesten des Barock in Norddeutschland und der erste barocke Raum des Schlosses. Seine genaue Entstehung ist unbekannt, doch wird die Zeit um 1646 vermutet, anlässlich der Hochzeit Friedrich Wilhelms mit Luise Henriette von Nassau-Oranien (1627–1667). Es war der einzige Neubau der durch den Dreißigjährigen Krieg darniederliegenden Schlosserweiterung in dieser Zeit. Die Pläne dazu hatte Johann Gregor Memhard[t] vorgelegt, der dem Raum eine strenge und dennoch reiche Gliederung aus nach oben strebenden Elementen wie Pilastern und Stuckbändern und horizontalen Gesimsen gab. Dekorationen schwerer Fruchtgehänge und Blattornamente, vor allem aber

Ehemalige Kapelle der Kurfürstin in einer Aufnahme um 1927

Kartuschen mit Knorpelwerkrahmen an den Wänden belebten den Raum, dessen Gewölbe von Akanthusranken geschmückt war. In der Dekoration verschmolz das Rahmen- und Knorpelwerk der Spätrenaissance mit den Frucht- und Blumenmotiven des Frühbarock. Allerdings gaben nur wenige Details Hinweise auf die Nutzung, mit Ausnahme eines

Elisabeth-Saal, Blick nach Nordwesten

Cherubsköpfchens über dem Scheinkamin. Daher besteht in der Forschung bislang eine Kontroverse bzgl. der möglichen säkularen Nutzung. Die hat es unter Wilhelm II. tatsächlich gegeben, als 1889 ein Fenster in den Raum gebrochen und das Oberlicht geschlossen wurde. Damals nahm der Raum ein Gästezimmer auf.

Die Elisabeth-Kammern

Elisabeth-Saal (844)

Die zum Schlossplatz hin gelegenen Elisabethkammern verdankten ihren Namen Elisabeth Christine (1715–1797), der Ehefrau Friedrichs des Großen, die die Räume über denen ihres Mannes bewohnte. Offiziell waren es die Staatszimmer der Kurfürstinnen und nachmaligen Königinnen, die gleichsam über das Große Treppenhaus erschlossen und vom Schweizer Saal aus erreichbar das Pendant zu den Paradekammern des Kurfürsten bzw. Königs bildeten. Konkret gehörten zu diesem Appartement folgende Räume: Vorzimmer (836), Rotes Zimmer (835), Samtzimmer (837), Eckzimmer (839), die Räume 840 bis 842, das Blaubart-Zimmer

In die frühe Ausbauphase des Raumes datierten Andreas Schlüters michelangeleske Atlanten an den beiden Schmalseiten, die der Stuckateur Giovanni Simonetti ausführte und die Schlüter noch als Hofbildhauer, vor seiner Ernennung zum Schlossbaudirektor entworfen hatte.

(843) sowie der Elisabethsaal (844). Der Elisabethsaal über Portal I gehörte zu den frühesten für die Krönung Friedrichs I. konzipierten Räumen. Allerdings wurde sein 1698 begonnener Ausbau kurz vor Fertigstellung 1699 zu Gunsten des gegenüber über Portal V liegenden Rittersaals am Lustgarten abgebrochen, darunter auch die von Augustin Terwesten begonnenen Malereien der Deckenkehlung. Antikisierende Reliefs und antike Büsten von Kaiserinnen und Kaisern wiesen auf ein ikonografisches Tugendprogramm, das vor Augen führte, wie ein vorbildhaftes, weises Regiment auszusehen hatte. Dies geschah im Zusammenhang mit dem Erwerb der römischen Antikensammlung Bellori und nicht ganz ohne Bezug auf den Auftraggeber Friedrich III., der sich mit den antiken, tugendhaften Herrschern in eine Reihe zu stellen suchte. 1699 wurde aus dem

Paarweise stützten je ein junger und ein alter Heros, auf einem Pfeilerkämpfer sitzend, die über ihnen liegenden, halbkreisförmigen Bogenfelder der beiden Türen und der dazwischenliegenden Kaminnische.

geplanten Festsaal des Kurfürsten, der Festsaal des Kronprinzen, der unter Elisabeth Christine, Ehefrau Friedrichs des Großen, seinen Namen erhielt und zum Mittelpunkt ihrer Wohnung im Schloss (den so genannten Elisabethkammern) wurde. Das eigentliche Deckengemälde, das den Raum abschloss schuf Christian Bernhard Rode (1725–1797) Ende des 18. Jahrhunderts unter Friedrich Wilhelm II. Damals erhielt der Saal auch seine kühle Wandverkleidung aus Stuckmarmor und den auf illusionistische Effekte angelegten Intarsienfußboden.

Die Prinzess-Marie-Kammern

Mittelzimmer (847)

Die nach der Großnichte Friedrich Wilhelms IV. benannten Prinzess-Marie-Kammern schlossen westlich an den Elisabeth-Saal an und waren als Wohnung für den Kronprinzen Friedrich Wilhelm (I.) ausgebaut worden. Sie nahmen die volle Länge des alten Joachimsbaues ein und endeten im Westen an jenem Eckrondell Schlüters, dessen östliches Gegenstück bis zur Sprengung 1950/51 erhalten blieb. Nach seiner Hochzeit mit Sophie Dorothea 1706 überließ der Kronprinz seiner Frau die durch Schlüter gestalteten neueren Räume der späteren Prinzess-Marie-Kammern und bezog die östlich des Elisabeth-Saales gelegene Wohnung seiner Mutter Sophie Charlotte. In einem dieser Räume (850) wurde am 24. Januar 1712 der spätere Friedrich II. geboren. Das 1703 von Augustin Terwesten gemalte Deckenbild, das den Kronprinzen als kriegerischen Helden verherrlichte, stammte

Das Mittelzimmer genannte ehemalige Paradeschlafzimmer des Kronprinzen (847) zur Zeit Kaiser Wilhelms I.

ebenso wie die Stuckdekoration der Voute aus der Schlüterzeit. Zur Wohnung der Prinzessin Marie gehörten die Räume zwischen Elisabeth- (844) und Apollo-/Joachim-Saal (861).

Die Stuckdekorationen im einstigen Paradeschlafzimmer der Kronprinzenwohnung (847) bestanden aus kleinfigurigen Relieffriesen die mit vollplastischen Figuren (Foto) abwechselten. Während die Friesdarstellungen Bezug auf das antike Rom nahmen, zeigten die Figuren gefesselte Sklaven. Die Antikenrezeption geschah bewusst, denn auf die römischen Kaiser und ihr „weises Regiment" war die Legitimität der preußischen Könige gegründet.

Im Stil Schlüters gestaltet, zeigte sich im benachbarten Vorzimmer (848) die Voute. Die vollplastische Figur über der Tür der Ostwand wurde von Geyer als solche des Ruhms – der Gloria – gedeutet, die an der Westwand ihr Pendant in der Klugheit – Sapientia – besaß.

Die Innenräume — Das erste Obergeschoss

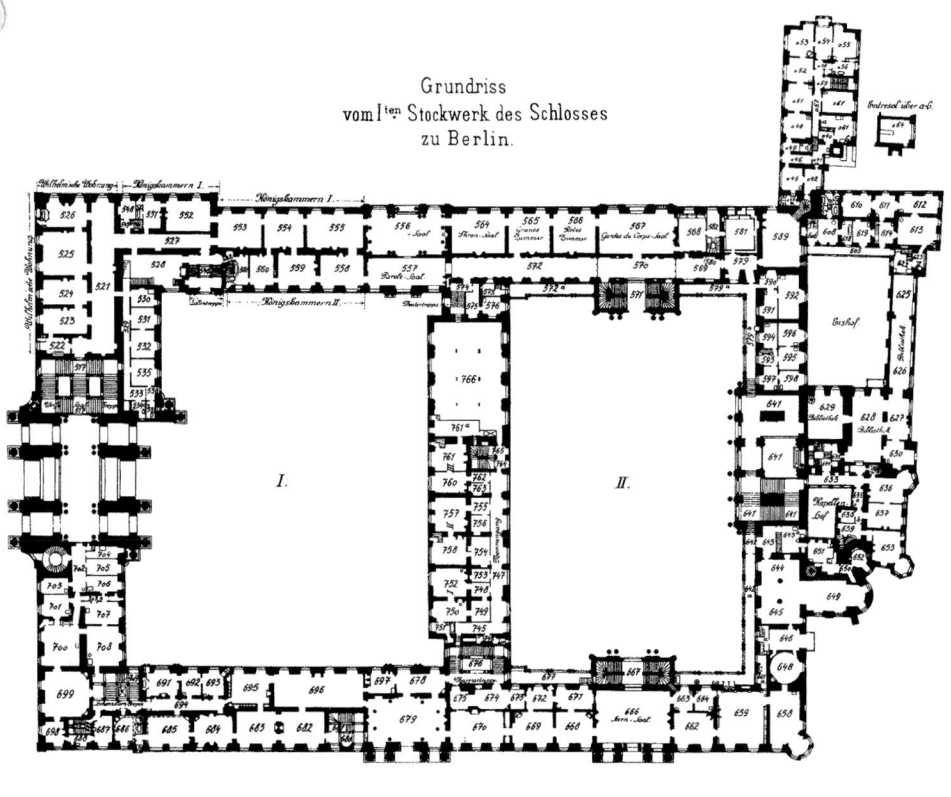

Grundriss, Juli 1933

Gründamastene Kammer (565) – ein Beispiel der Gontardschen Dekorationskunst. Sie gehörte als einstiges zweites Zimmer vor dem Thronzimmer (564) zur Audienzsuite Friedrich Wilhelms II.

Die Königskammern

Mit den von Friedrich Wilhelm von Erdmannsdorff und Carl von Gontard (1731–1791) gestalteten Königskammern verfügte das Berliner Schloss über die schönsten und bedeutendsten Denkmäler der frühklassizistischen Raumkunst in Deutschland. Nicht nur stilistisch bildeten sie einen Kontrapunkt zu dem längst überholten Dekorationsstils Friedrichs des Großen. Sie waren vor allem ein politisches Zeichen, ein Signal, mit dem Friedrich Wilhelm II. nach außen hin signalisierte, dass er Berlin seine Hauptstadt- und vor allem seine Residenzstadtfunktionen zurückgeben wollte, nachdem Friedrich II. ganz demonstrativ in Potsdam residiert hatte. Zwischen dem Frühjahr 1787 und November 1788 entstanden im Lustgartenflügel zwischen dem Garde-du-Corps-Saal und dem Kabinett in der Nordwestecke des Risalits zur Schlossfreiheit insgesamt 16 aufwändig ge-

Thronzimmer, Blick nach Westen, Ansicht vor 1918

staltete Repräsentations- und Wohnräume, die beide Architekten parallel und in einer förmlichen Konkurrenzsituation gestalteten: neun Räume entwarf Gontard, sieben Erdmannsdorff. Die Räume Gontards und Erdmannsdorffs unterschieden sich stilistisch sehr voneinander. Während Gontard noch dem Louis-Seize-Stil verhaftet blieb, atmeten Erdmannsdorffs Räume den reinen Geist des frühen Klassizismus, den der fünf Jahre jüngere Architekt erstmals mit dem Schloss in Wörlitz zur Perfektion gebracht hatte. In ihrer Funktion dienten die Königskammern, die Friedrich Wilhelm II. allein bewohnte, drei unterschiedlichen Zwecken: als Audienzsuite, Zeremonialräume und nicht zuletzt auch als Privatwohnung. Unter den zahlreichen Künstlern, die hier wirkten, fand sich auch der junge Johann Gottfried Schadow (1764–1850), der unter anderem die Reliefs des Parole- und des Großen Säulensaales gestaltete.

Thronzimmer (564)

Der von Karl von Gontard zwischen 1787/88 gestaltete Thronsaal, ursprünglich als Thron-

Als an Decke, Türen, über den Sphinxen der Supraporten und am Thronhimmel wiederkehrendes Leitmotiv beherrschte der preußische Adler den Raum. Überaus kostbar gestaltet war der mit verschiedenen Hölzern und Elfenbein reich intarsierte Fußboden, der die Gestaltung der Decke widerspiegelte. Das Oval füllte „von einer Elfenbeineinlage im Zentrum ausstrahlend […] ein sechzehnteiliges, sich überschneidendes Lanzettmuster". Die Bedeutung des Raumes unterstrich ferner der Kronleuchter aus Bergkristall.

zimmer bezeichnet, schloss die Raumfolge der Audienzsuite ab. Zur feierlichen Wirkung des Raumes trug der Farbakkord Rot-Weiß-Gold bei, bestehend aus dem Rot der Samtbespannung der Wände und des Thronbaldachins, der weißen Flächen der Boiserien, der Türen und des Deckenspiegels, der mit seiner schweren plastischen Gliederung reiche Vergoldungen aufwies. Die gesamte Dekoration erinnerte mit den geschnitzten Supraporten und Akanthusranken der Wandrahmungen an die Schlüterräume, obgleich sie dem Stil des Louis Seize angehörten. Zur ursprünglichen Ausstattung des Raumes gehörten keine Bilder. Stattdessen beherrschte das tiefe Samtrot der Wände den Raum. Den Kamin aus weißem Marmor hatte Erdmannsdorff 1790 in Rom erworben und ursprünglich für das Marmorpalais in Potsdam vorgesehen.

Großer Säulensaal (556)
Der über Portal IV zum Lustgarten hin gelegene Große Säulensaal folgte in der Anordnung der ihn gliedernden 16 Stuckmarmorsäulen mit seinen korinthischen Kapitellen, die das weiße Stuckgebälk und die Kassettendecke trugen, einem strengen architektonischen Aufbau. Die Entwürfe dazu stammten von Johann Friedrich von Erdmannsdorff, der auch die Pläne zum Parolesaal, Speisezimmer, den beiden Französischen Kammern, Bibliothek und Eckkabinett entwickelt hatte. Besondere Hilfe hatte Erd-

Großer Säulensaal nach Westen. Im Zentrum fällt der Blick auf die Marmorgruppe „Achilles und die sterbende Penthesilea" von Emil Wolff, 1822.

Gediegen zeigte sich, wie in den anderen von Erdmannsdorff gestalteten Räumen, der von Fiedler geschaffene Parkettboden in verschiedenfarbigen dunklen Hölzern. Die Wände waren mit grauem Stuckmarmor verkleidet, während die gelben Stuckmarmorsäulen mit der weißen Kassettendecke für einen entsprechenden Kontrast sorgten. Die Längsseite zum Parolesaal schmückten die Kopien zweier berühmter Florentiner Antiken: Apollino (Foto) und Mediceische Venus von Bartolomeo Cavaceppi (1716–1799).

Die Türen waren durch Schadows Reliefs mit Szenen aus der Geschichte Alexanders des Großen besonders betont. Die eigens von Erdmannsdorff ausgesuchten Szenen sollten als Allegorien eine Beziehung Friedrich Wilhelms II. zu den Künsten herstellen. Die Figurengruppen symbolisierten die Baukunst/Bildhauerei, Dichtkunst, Malerei und Musik. Das Relief über der Blindtür an der östlichen Schmalwand (Foto) zeigte mit der Szene „Alexander und Apelles" die Allegorie der Malerei.

Noch im September 1950 war dieses Relief von Johann Gottfried Schadow erhalten.

mannsdorff bei der Gestaltung dieses und des nach Süden hin angrenzenden Parolesaals durch den preußischen Minister Friedrich Anton von Heinitz (1725–1802) erhalten, dem auch die Akademie der Künste unterstand. Heinitz vermittelte Erdmannsdorff Johann Gottfried Schadow, der die Reliefs in beiden Räumen schuf. Mit dem Großen Säulensaal entstand der neue Festsaal der Königskammern, ein repräsentativer gesellschaftlicher Mittelpunkt. Beeindruckend waren bereits die Abstände der Säulen zueinander, die in einem genauen Maßverhältnis standen. Doppelsäulen an den beiden Langseiten zwischen der Tür zum Parolesaal und zum Lustgartenbalkon betonten die Querachse.

Parolesaal / Schadowsaal (557)

Als schönster frühklassizistischer Raum des Schlosses und darüber hinaus auch als schönstes Zeugnis der Innendekoration Erdmannsdorffs galt der über Portal IV zum Großen Schlosshof hin gelegene Parolesaal. Der schmale Saal, der seinen Namen der einstmals militärischen Nutzung verdankte, erschloss nicht nur den Großen Säulensaal als zentralen Festraum der Königskammern, er führte, durch eine eigene Treppe erschlossen, auch zu den Privaträumen Friedrich Wilhelms II. Wie in den übrigen von Erdmannsdorff gestalteten Räumen kümmerte sich der Architekt um alle Ausstattungsdetails selbst: von dem im Achteck- und Quadratmuster von Johann Georg Fiedler ausgeführten Parkettboden, über die grauen und rotbraunen Stuckmarmorverkleidungen der Wände, bis hin zu der von den beiden Stuckateuren Gügel und Föhr ausgeführten Kassettendecke, die mit ihren Rüstungen und Trophäen Bezug auf die Bestimmung des Raumes nahm. Konsequent verzichtete Erdmannsdorff im Parolesaal auf eine Säulenordnung des Raumes, dessen Wandaufbau allein durch die Schichtung und Felderung beeindruckte. Zwischen den Türen der

Parolesaal, Blick nach Westen, um 1900

Von den Wandflächen aus Stuckmarmor hoben sich Schadows 1787/88 nach Erdmannsdorffs Angaben geschaffenen Reliefs der Viktorien (Abb.) über den (Blind-) Türen und der römischen Signiferi (Fahnenträger) an den insgesamt 14 Wandstreifen aus weißem Stuck deutlich ab. Viktorien und Signiferi waren an den Piedestalen des Konstantinsbogens in Rom orientiert.

Westwand ließ Friedrich Wilhelm II. ursprünglich die antike Bronzestatue des „Betenden Knaben" aufstellen. In der Zeit des Schlossmuseums trat an seine Stelle die berühmte Prinzessinnengruppe Schadows, die sich heute in der Alten Nationalgalerie befindet. Damals erhielt der Raum den Namen Schadowsaal.

Speisesaal (555)

Westlich des Großen Säulensaals befand sich der Speisesaal, ein Raum, der neben einer mit 510 Spiegeln getäfelten Fensterwand vollständig mit Dekormalerei in pompejanischer Art geschmückt war. Wie im Säulensaal, so hat auch hier Erdmannsdorff den kompletten Raumdekor entworfen. Mit seiner illusionistischen Wand- und Deckenbemalung erzielte er durch die differenzierte Gliederung der einzelnen Wandabschnitte in geschlossene und offen (wirkende) Einheiten eine architektonische Wirkung. Sie täuschte einen teilweise nach außen geöffneten Raum vor, der Ausblicke in eine sommerliche Landschaft gewährte. Zu den offenen oder geöffneten Einheiten gehörten die Türen und der Kamin mit dem darüber befindlichen Spiegel. Sowohl die Sockelzone, als auch der Girlandenfries wirkten wie eine in die Antike zurückreichende Wandgliederung, die mit Grotesken von Rosenberg und Wachsmalereien von Frisch geschmückt war. Die seitlichen Groteskenstreifen orientierten sich dabei an den Raffaelschen Ornamentbändern in den vatikanischen Loggien, während die Malereien deutlichen Bezug auf die Antike nahmen. Die Deckenmalereien Johann Christoph Frischs (1737–1815) orientierten sich an der Wandgestaltung, der Fußboden von Johann Georg Fiedler an römischen Dekorationsmotiven für

Speisesaal in musealer Einrichtung des Schlossmuseums, 1935

Wände und Bodenmosaike. Ihn zierten eingelegte Ranken, Vögel, Vasen Dreifüße und Fruchtkörbe. Eine besondere Kostbarkeit stellte der Kronleuchter aus Bergkristall dar, den Friedrich I. vom „Sonnenkönig" Ludwig XIV. von Frankreich als Geschenk erhalten hatte.

Grüne Französische Kammer, nach 1921

Grüne Französische Kammer (554)

An den Speisesaal schloss westlich die nach Plänen von Friedrich Wilhelm von Erdmannsdorff gestaltete Grüne Französische Kammer an. Seinen Namen verdankte der Raum der hellgrünen Wandbespannung aus französischem Damast. In der Gestaltung ähnelten sich die Grüne und die an sie anschließende Blaue Französische Kammer. Beide hatten reich intarsierte Parkettböden, in der Grünen Französischen Kammer mit eingelegten Akanthus- und Rautenmustern von Johann Georg Fiedler. Deckengemälde sowie gemalte Supraporten stammten von Johann Fischer. Fischer hatte bereits seit 1770 nach Erdmannsdorffschen Entwürfen in Wörlitz gearbeitet und stattete neben beiden Französischen Kammern auch das Bibliotheks- und Eckkabinett mit Decken- und Friesmalereien aus. Zur ursprünglichen Ausstattung des Raumes, der als Empfangszimmer genutzt wurde gehörte ein von Abraham Roentgen für Friedrich Wilhelm II. geschaffener Schreibtisch mit reicher Ausstattung, der auch noch in der musealen Präsentation des Schlossmuseums an Ort und Stelle gezeigt wurde. Einen Blickfang bildete der Marmorkamin von Antoine Tassaert (1727–1788) mit seinem bis zur Decke reichenden und von Rahmenwerk aus vergoldeten Bronzestäben geschmückten Spiegel.

Blick ins Konzertzimmer, Entwürfe von Carl von Gontard, Ansicht nach 1921

Konzertzimmer (559)
Das Konzertzimmer Friedrich Wilhelms II. gilt als Hauptwerk der Dekoration des Louis Seize in Deutschland und neben dem Thronsaal/Thronzimmer der Königskammern als bedeutendste Leistung Carl von Gontards. Die

Die Supraporte zum Weißen Zimmer (558) zeigte eine vor einem ovalen und verspiegelten Lorbeerkranz stehende Figur. Die Türflügel nahmen das Dekor der Wandfelder auf und trugen Arabesken.

Blick auf die östliche Schmalwand mit Kamin, um 1890. Auf dieser Seite lag der offizielle Zugang durch das Weiße Zimmer (558) zum Konzertzimmer. 1894 wurde mittels eines Durchbruchs durch die Längswand ein weiterer Zugang von der Grünen Französischen Kammer aus geschaffen, die das Raumgefüge des Konzertzimmers empfindlich beeinträchtigte.

Die Blaue Französische Kammer (553), ein weiteres Empfangszimmer, folgte stilistisch der Grünen, hatte jedoch um 1894 im Rahmen der Umbauarbeiten des Weißen Saales ihre ursprünglich namensgebende blaugraue Damastbespannung zu Gunsten einer rosafarbenen eingebüßt. Die Gestaltung lag hier ebenfalls in den Händen Erdmannsdorffs. Die Ansicht nach Osten zeigt rechts Edward Francis Cunninghams (1741/42–1793) Reiterbildnis Friedrich Wilhelms II. Der von Friedrich Wilhelm II. als Grand Cabinet genutzte Raum diente unter Königin Luise (1776–1810) als Schlafzimmer, das 1806/07 auch Napoleon (1769–1821) bewohnte.

vergoldeten Schnitzereien des Bildhauers Bartels auf weiß lackierter Täfelung, dazu die sechs Wandspiegel, die verspiegelten Supraporten mit ihren bronzenen Ornamenten und der Spiegelbelag der Decke verliehen dem Raum eine festlich-heitere Wirkung. Reich ornamentiert zeigte sich bereits der aus verschiedenen Hölzern und Elfenbein zusammengesetzte Parkettboden, der die Gliederung der Decke aufnahm. Die Wände waren durch Lamberien mit Feldereinteilungen und darüber durch lisenenartige Bänder mit gegenläufigen, rosettenförmigen Rankenmotiven gegliedert. Die Bänder teilten den Raum vertikal in seitlich schmale und breite mittlere Flächen ein und schlossen oben an den umlaufenden Akanthusfries des Gesimses an. Die breiten Wandfelder wechselten mit Spiegeln ab und

Der reich intarsierte Parkettfußboden von Fiedler korrespondierte in seiner ovalen Gestalt mit dem Deckengemälde Fischers, das im Kreis radial kassettiert war und Efeuranken und Grotesken aufwies. Von Fischer stammten auch hier die gemalten Supraporten. Der Marmorkamin kam als Arbeit Carlo Albaccinis (1735–1813) auf Bestellung eigens aus Rom. Die Aufnahme aus den 1930er Jahren zeigt einen Blick nach Westen in Raum 552.

zeigten unten Vasen, aus denen dünne, großzügige Arabesken herauswuchsen, und oben Gehänge mit verschiedenen Musikinstrumenten, die auf den Nutzungszweck des Raumes anspielten. Friedrich Wilhelm II. liebte die Musik und schloss das Musikzimmer direkt an sein Schlafzimmer (560) an. Beide Räume waren durch eine Tapetentür direkt miteinander verbunden. Die Ansicht zeigt den Raum in musealer Präsentation nach 1918. Die Gehänge der Wand spiegelt der Tisch als Beschlagwerk an seinen Beinen wider.

Die Wohnung Königin Friederikes

Pfeilersaal (679)

Der Pfeiler- oder „Große Marmorsaal" über Portal II bildete den festlichen Mittelpunkt der Wohnung Königin Friederike Luises (1751–1805) im Berliner Schloss. Nachdem Friedrich Wilhelms II. 1789 die gerade fertig gestellten Königskammern am Lustgarten bezogen hatte, ließ er die ehedem gemeinsame Wohnung am Schlossplatz für seine Frau Friederike umgestalten, indem er Carl Gotthard Langhans

(1732–1808), seit 1788 Direktor des neu geschaffenen Oberhofbauamtes, beide getrennten Suiten zu einer Wohnung zusammenlegen ließ. Den Innenausbau begann Langhans im Mai 1789 und vollendete ihn 1791. Von der dem Pfeilersaal vorgelagerten Galerie betrat man die Wohnung der Königin, die aus zwei Vorkammern, Audienzzimmer, Konzertkabinett, einem blauen Schlafzimmer samt Vorkabinett, einem gelben Schlafzimmer und zwei Gesellschaftszimmern bestand. Mit dem chinesischen Konzertkabinett, dem Marmor- und dem Pfeilersaal wurden drei Räume vollständig neu entworfen. Nach dem Tod Friedrich Wilhelms II. erhielt die Wohnung den Namen „Königin-Mutter-Kammern", den sie auch nach Friederikes Tod behielt. Dem rechteckigen frühklassizistischen Pfeilersaal hat Langhans durch das Einstellen von acht Säulen mit ionischen Kapitellen eine elliptische Form verliehen, die ein Charakteristikum oder wie Schadow festhielt eine „Lieblings-Idee" von Langshans war, die er ausgehend vom Breslauer Palais Hatzfeld immer wieder variierte. Langhans „antwortete" mit dem Pfeilersaal des Berliner Schlosses auf Erdmannsdorffs Säulensaal über

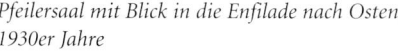

Pfeilersaal mit Blick in die Enfilade nach Osten, 1930er Jahre

Marmorsaal, Blick nach Westen, museale Präsentation, nach 1926

Portal IV. Das Deckengemälde von Johann Christoph Kimpfel (1750–1805), der auch die Marmorkammer ausstattete, stellte eine Versammlung der olympischen Götter dar.

Marmorsaal (684)
Seiner Vorliebe für ovale Räume folgend gestaltete Carl Gotthard Langhans neben dem Pfeilersaal zwischen 1789 und 1791 auch den Marmorsaal der Wohnung Königin Friederikes als ovalen Raum. Der mit 8,38 Meter mal 6,13 Meter eher kleine Raum verfügte über eine geistreiche Anordnung von Gesimsen und gewölbter Decke, den abgestumpften Ecken und je zwei Konsolen an den Eckflächen, die das umlaufende Gesims zu tragen schienen. Die Wände des Raumes waren vollständig mit hellrötlichem Stuckmarmor verkleidet, von

dem sich nurmehr der unprofilierte blaugraue Sockelstreifen abhob. Ihre Belebung erhielten sie durch sechs Halbnischen mit Antikendarstellungen von Antoine Tessaert, vier ovale Reliefs in den Ecken, auf denen Tänzerinnen in kameenartiger Wirkung dargestellt waren, und durch vier nach Zeichnungen von Schadow gestaltete Relieffriese, die an der östlichen Eingangs- und der Fensterwand zum Schlossplatz den Festzug des Bacchus und der Ariadne, an der Rückwand den Raub der Sabinerinnen und an der Westwand die Hochzeit von Amor und Psyche zum Thema hatten. Das Deckengemälde von Kimpfel zeigte Apoll als Helios auf dem Sonnenwagen. Friedrich Wilhelm II. hatte den in Abgrenzung zum Großen Marmorsaal (Pfeilersaal) auch als Marmorkammer bezeichneten Raum in seiner Kronprinzenzeit als Schreibzimmer genutzt. In dieser Funktion diente er 1834–1837 auch Prinz Wilhelm v. Preußen und von 1888 bis 1918 Kaiserin Auguste Viktoria (1858–1921).

Die Wohnung König Friedrich Wilhelms IV. und Königin Elisabeths

Bereits in seiner Kronprinzenzeit bewohnte Friedrich Wilhelm (IV.) Räume an der Nordwestecke des Schlosses, darunter Teile der Wohnung Friedrichs des Großen. Nach seiner Hochzeit mit Prinzessin Elisabeth von Bayern 1823 ließ der Kronprinz die nun vom Haus der Herzogin über die Erasmus-Kapelle bis zum späteren Sternsaal reichenden Räume 1824 bis 1827 durch Karl Friedrich Schinkel einrichten und teilweise umgestalten. In einer Mischung aus offiziellen Staatszimmern und privaten Räumen, die die Eheleute überdies teilten, stellte die Wohnsituation des Paares etwas vollkommen Neues, eher Bürgerliches dar. Sowohl die Privat- als auch die Amtsräume Friedrich Wilhelms lagen im Haus der Herzogin und der Erasmus-Kapelle. Die zu einem Raum zusammengefassten Zimmer 636 und 637 nutzte er unter Schonung der Barockstuckdecken aus der Zeit des Großen Kurfürsten als Bibliothek, den südlich angrenzenden Raum 653 als Vortragszimmer. Im ältesten Teil, dem Grünen Hut ließ er sein Schlafzimmer (652) einrichten. Es war über einen Korridor sowohl mit den Vorzimmern, als auch mit dem Arbeitszimmer (649) im Chor der Erasmus-Kapelle verbunden. Vollkommen neu ausgebaut hat Schinkel vier Räume am Schlossplatz: das Wohnzimmer Prinzessin/Königin Elisabeths (658), den Teesalon (659), das Speisezimmer (662) und den Sternsaal (666). Die Empfangszimmer des Paares – Sternsaal und Teesalon – waren über den Treppenkasten (667) von Portal I zugänglich.

Das Aquarell von Johann Heinrich Hintze (1800–1861) von 1839 vermittelt einen Einblick in die Gestaltung des Arbeitszimmers und gibt rechts aus dem Fenster den Blick frei auf das Reiterdenkmal des Großen Kurfürsten.

Erasmus-Kapelle (644, 645, 649)

Die Erasmus-Kapelle hatte bereits unter Friedrich II. Eisenzahn, dem Erbauer des ersten Schlosses, als Schlosskapelle gedient. Ihr tiefer liegendes Fußbodenniveau konnte Albert Geyer unter dem des Nachfolgebaues nachweisen. Dieser Bau entstand unter Kurfürst Joachim II. um 1540 und wurde vermutlich von Caspar Theiss (um 1510–um 1550) nach Plänen von Konrad (Kunz) Krebs (1492/1540) errichtet. Der 23 Meter lange geostete Kapellenraum reichte ursprünglich durch zwei Geschosse und wies eine lichte Höhe von über 13 Metern auf. Das den Raum abschließende Rippengewölbe zeigte die typischen böhmisch-sächsischen Formen der Spätgotik. Die älteste Beschreibung des Schlosses von Hainhofer aus dem Jahr 1617 verwies

Sowohl die Rippen als auch die bis ins Erdgeschoss reichenden Säulen bestanden aus Sandstein. Eine nochmalige Veränderung erlebte der Kapellenbereich unter Wilhelm II. 1892/93, als durch weitere Zwischenwände eine Gästewohnung hergestellt wurde. Erst in den 1920er Jahren konnte der Raumeindruck des Obergeschosses für das Schlossmuseum zurückgewonnen werden. Trotz der Umbauten blieb der bildhauerische Schmuck des Raumes, zu dem der Schlussstein (Foto) und verschiedene Tragsteine (Foto) gehörten, erhalten.

auf die Emporen, die den, quer zum Chor liegenden Gemeinderaum hufeisenförmig umliefen. Trotz der Nähe der zur Dom- und Hofkirche erhobenen Dominikanerkirche an der Stechbahn fanden in der Kapelle noch Gottesdienste statt. Zuletzt wurden hier die verstorbenen Mitglieder des Herrscherhauses aufgebahrt. Unter Friedrich II. wurde der Sakralraum durch Teilung und Parzellierung vollends profaniert. Zwar schonte der Monarch das mit Renaissanceelementen geschmückte Tonnengewölbe, doch ließ er vom Erdgeschoss aus einen separaten Aufgang zu seinen Wohnräumen einrichten, ferner auch Diener- und Garderobenräume. Kronprinz Friedrich Wilhelm, der spätere Friedrich

Schlafzimmer Königin Elisabeths, barocke Stuckdecke und Deckenmalerei

Wilhelm IV,. ließ 1824 bis 1827 durch Schinkel die Kapelle neu herrichten. Dabei diente der abgeteilte Chorraum als Arbeitszimmer und der zweisäulige einstige Gemeinderaum als Bibliothek und Vorsaal.

Schlafzimmer Königin Elisabeths (646)
Das Schlafzimmer Elisabeths schloss unmittelbar an die Erasmus-Kapelle an. Der einachsige Raum, der bereits das Schlafzimmer Friedrichs II. aufgenommen hatte, erhielt unter Friedrich Wilhelm IV. statt des Fensters einen kleinen,

Wohnzimmer Königin Elisabeths in rekonstruierter musealer Präsentation, nach 1926

um 1858 vermutlich nach Plänen Stülers errichteten Erkeranbau in den Formen der Neorenaissance zur besseren Belichtung. Der unter Wilhelm II. als Ankleidezimmer der hier und in den angrenzenden Räumen untergebrachten fürstlichen Gästewohnung modernisierte und um ein separates Bad erweiterte Raum, wies noch die alte Stuckdecke auf, die unter dem Großen Kurfürsten entstanden war und alle Änderungen überdauert hatte. In seiner „derb holländisch-italienische[n] Teilung und Verzierung" zeigte der Stuck an den vier Ecken den auf Ritterhelmen angebrachten Kurhut, während das Deckengemälde selbst eine blumenspendende, von Kindern umgebene Flora darstellte.

Wohnzimmer Königin Elisabeths (658)
Ein von Carl Eduard Biermann (1803–1892) signiertes und datiertes Aquarell aus dem Jahr 1828 diente Albert Geyer nach 1918 als Vorlage zur Rekonstruktion des Wohnzimmers von Kronprinzessin Elisabeth an der Südostecke des Schlosses. Es war mitsamt den umgebenden Räumen zwischen 1824 und 1827 nach Plänen von Karl Friedrich Schinkel neu eingerichtet worden. An den vorherigen Zustand erinnerte nur noch die gewölbte Putzdecke, bei der Schinkels Umgestaltungsvorschlag unausgeführt blieb. Den übrigen Raum hatte der Architekt und Künstler ganz im Sinne des Klassizismus gestaltet. Dazu gehörte der Parkettboden mit seinen kleinen quadratischen oktogonalen Platten aus Mahagoni ebenso, wie die saftgrüne Seidenbespannung der Wände und ein eingebauter Kamin aus Malachit. Der unter Andreas Schlüter veränderte Erkeranbau in der Zimmerecke erinnerte noch an den Bau Kurfürst Joachims II. Ihn zierte, vom übrigen Raum durch geraffte Gardinenbögen getrennt, ein aus der Schlüterzeit stammendes al fresco-Gemälde mit der Darstellung einer Gruppe von Genien. Das Wohnzimmer zierten zahlreiche Gemälde, darunter drei Hauptwerke von Caspar David Friedrich (1774–1840): die zwischen 1809 und 1811 entstandenen Bilder „Abtei im Eichwald", „Mönch am Meer" und „Kreuz im Riesengebirge". Unter Kaiser Wilhelm II. war der Raum 1888/89 verändert worden und diente als „Türkisches Zimmer" zur Aufnahme von Geschenken des türkischen Sultans.

Teesalon Königin Elisabeths (659)
An das Wohnzimmer Elisabeths schloss nach Westen das „große Wohnzimmer", besser bekannt jedoch als Teesalon Elisabeths, an. Der Teesalon nahm die ganze Tiefe des Schlossplatzflügels ein und entstand zwischen 1824 und 1827 nach einer Skizze des Kronprinzen Friedrich Wilhelm (IV.) und nach Plänen Karl Friedrich Schinkels an der Stelle des von Johann August Nahl d. Ä. (1710–1781) 1745 gestalteten großen Konzertzimmers Friedrichs II. Der mit 11,4 mal 10,5 Metern annähernd quadratische Raum sollte so die Idee des Kronprinzen, eine halbrunde Bank (Exedra), aufnehmen, die, von Schinkel ausgeführt, dem Teesalon die Wirkung eines Außenraums verlieh und an der um einen runden Tisch die berühmten Teeabende des Kronprinzen- und nachmaligen Königspaares stattfanden. Die Wirkung eines Sternenhimmels erzielte man durch die hellblaue Decke, die in Form eines Velariums, d. h. einer über den Raum gezogenen schirmähnlichen

Teesalon Königin Elisabeths, Rekonstruktion, nach 1926

Stoffbespannung, gestaltet war. Die Wände schmückten ein Kranz von 15 plastischen Bildwerken von Christian Friedrich Tieck (1776–1851) und zehn Rundgemälde der Künstler Heinrich Dähling (1773–1850), Carl Wilhelm Kolbe d. J. (1781–1853), Julius Schoppe (1795–1868) und Hermann Stilke (1803–1860) mit Szenen aus der griechischen Mythologie. Wilhelm II. ließ den Raum erstmals 1889 unterteilen und 1916/17 nochmals umbauen. Erst nach 1918 konnte er nach Zeichnungen Schinkels und frühen Fotografien ohne die zwischenzeitlich verkaufte Rundbank wiederhergestellt werden.

Sternsaal (666)

Der über dem Portal I gelegene Sternsaal verdankte seinen Namen der Gestaltung der

Sternsaal nach Nordwesten, nach 1926

Decke mit ihren goldenen Sternenkreisen. Sie verdichteten sich zur Mitte, wobei sich die Größe der Sterne allmählich verringerte. Umrahmt wurde dieser Sternenhimmel von einem umlaufenden, reich verzierten Fries.

Wie im Teesalon, so hat auch hier im Sternsaal Karl Friedrich Schinkel gewirkt und zwischen 1824 und 1826 einen Raum geschaffen, der im festlichen Farbakkord Weiß und Gold gestaltet war. Hinzutraten die rot bezogenen Prunkmöbel. Besonders betont hat Schinkel die Türen des Saales als goldene Flächen, während die schlicht weißen Wände durch einfache Pilaster gegliedert und mit Stuckmarmor verkleidet waren. Ein breites Mäanderband trennte den Sockel von der Wandverkleidung, die nach oben durch einen umlaufenden Fries abgeschlossen wurde, der die Pilaster und die beiden ionischen Säulenkapitelle links und rechts des Haupteinganges bedeckte. Sie stammten noch aus der Schlüterzeit, wurden jedoch von Schinkel entsprechend überformt. Zur Zeit Friedrichs II. bedeckte die Wände eine weiß gefasste Täfelung, die vergoldete Verzierungen trug, während den Hauptschmuck vier Bildteppiche mit religiösen Szenen bildeten, die als Geschenke Ludwigs XV. (1710–1774) an Friedrich Wilhelm I. als Dank für die Aufnahme des polnischen Königs Stanislaus Lescinsky (1677–1766) – Schwiegervater Ludwigs XV. – nach Berlin gelangt waren. Kaiser Wilhelm II. schließlich ließ die Stuckmarmorwände 1888 bei der Einrichtung seiner Wohnung zur Aufnahme von Gemälden mit rotem Seidenstoff bespannen. Bei der Einrichtung des Schlossmuseums wurde der Schinkelsche Raumeindruck wiederhergestellt.

Die Kaiserliche Wohnung
Während der Nutzung durch das Kaiserpaar diente der Pfeilersaal über Portal II als Vorsaal zur Kaiserlichen Wohnung, in dem auch kleinere Festveranstaltungen stattfanden. Kaiser Wilhelm II. war der einzige der drei Hohenzollernkaiser, der das Schloss auch wieder bewohnte. Die Kaiserwohnung selbst umfasste den Bereich vom Sternsaal (nunmehr Fahnensaal – 666) bis zur Ecke der Schlossfreiheit. Als offizieller Zugang diente der Fahnensaal, an den sich die Regierungs- und Privaträume anschlossen, und zwar Empfangs- (668), Arbeits- (669) und Vortragszimmer (670) zum Schlossplatz sowie das Kleine Ankleidezimmer (671) und Schlafzimmer (672) zum Kleinen Schlosshof. Mit dem Pfeilersaal begannen die Räume der Kaiserin. Zum Schlossplatz hin lagen nacheinander Empfangs- (682), Wohn- (683), Schreib- (684) und Schlafzimmer (685). Zum Pfeilersaal (679) gelangte man auf direktem Weg über die Marmortreppe (453, 676, 858) und den daran anschließenden Vorraum – zugleich Vorzimmer der Kaiserin (678). Die Fotografie zeigt den bis auf die Lüster unveränderten Raum um 1888/89 mit großem Teppich, Bärenfellen und Mobiliar. Unmittelbar an den Pfeilersaal grenzte, zum Großen Schlosshof hin orientiert, der Speisesaal (696) mit der daran an-

Pfeilersaal als Teil der Kaiserlichen Wohnung, 1888/89

schließenden Bibliothek (695), während man in der Enfilade nach Osten ins Vortragszimmer Wilhelms II. (670) und nach Westen zur Fürstentreppe (481a–483) gelangte.

Arbeitszimmer Kaiser Wilhelms II. (669)
In einem bunten, gewachsenen Stilmix präsentierte sich das zuletzt museal inszenierte Arbeitszimmer Kaiser Wilhelms II., das bereits Friedrich II. in gleicher Funktion genutzt hatte. Zu den ältesten Teilen des Raumes gehörten die Voute und das den Raum beherrschende, von Augustin Terwesten geschaffene, eigenhändig signierte und 1704 datierte Deckengemälde. Es zeigte die Darstellung einer Versammlung der olympischen Götter. Die ursprünglich weiß-goldene, zuletzt grüngoldene Wandvertäfelung sowie die Ge-

Arbeitszimmer Kaiser Wilhelms II. in musealer Anordnung, Ansicht nach 1926

staltung der Türen und Fensternischen stammten aus friderizianischer Zeit, ebenso wie die Supraporten. Diese ließ jedoch erst Wilhelm II. 1888 als Kopien nach Vorbildern in Schloss Charlottenburg hier anbringen, ebenso wie die etwas düster wirkende Ledertapete der Firma Hulbe aus Hamburg. Zur originalen Ausstattung des Wilhelmschen Arbeitszimmers zählte der Bücherschrank, wohingegen der zentrale Schreibtisch vor 1918 im Adjutantenzimmer (662) stand, wo Wilhelm II. a, 1. August 1914 den Mobilmachungsbefehl unterzeichnet hatte. Der Schreibtisch mitsamt dem darauf befindlichen Schreibzeug besaß darüber hinaus Symbolwert, denn es handelte sich dabei um ein Geschenk der Londoner Kunstwerkstatt Warren & Gillow. Sie hatte Schreibtisch und Schreibzeug aus dem Holz der „Victory" fertigen lassen, dem Flaggschiff Admiral Nelsons in der siegreichen Schlacht bei Trafalgar am 21. Oktober 1805 gegen die französische und spanische Flotte.

Speisesaal (696)
Der vierachsige 15,5 Meter lange und sieben Meter breite neobarocke Kaiserliche Speisesaal entstand 1888 als vollständig neuer Raum durch das Zusammenlegen zweier Zimmer. Die Pläne dafür stammten von den Architekten Kyllmann & Heyden, d. h. Walter Kyllmann (1837–1913) und Adolf Heyden (1838–1902), die 1888 auch das Vortragszimmer (670) neu einrichteten. Mit dem Speisesaal schufen die Architekten einen nussbaumvertäfelten Raum, der Tapisserien nach Zeichnungen von Boucher aufnahm, die bis 1918 den Hauptschmuck der Wände bildeten und sich heute in Schloss Charlottenburg befinden. Die Stuckdecke entstand nach Entwürfen von Julius Lessing (1843–1908), die Entwürfe zum Deckengemälde von Anton von Werner, ausgeführt von Carl Wendling (1851–1914). Es stellte die Huldigung Friedrichs des Großen durch Preußen dar. Wendlings Malereien ersetzten das ursprüngliche Deckenbild einer Kranichbeize, das mit den Hirschgeweihen über den Türen in Beziehung stand. An die Stelle der Tapisserien traten nach 1918 Gemälde. An der Breitseite nach Süden hing Adolph v. Menzels (1815–1905) monumentales Ölgemälde der Krönung König Wilhelms I. in der Schlosskirche zu Königsberg. Den eigentlichen Schmuck des Raumes bildete die festlich geschmückte Hoftafel mit dem „Kronprinzen-," oder „Städtesilber", das die 414 Städte Preußens 1905 dem Kronprinzen Friedrich Wilhelm anlässlich seiner Hochzeit geschenkt hatten. Es bestand aus 50 Prachtgedecken inklusive

Kaiserlicher Speisesaal mit der Präsentation des Kronprinzen- bzw. Städtesilbers, nach 1926

der Bestecke und wurde nach dem Ersten Weltkrieg von der Stadt Berlin angekauft, um es auszustellen.

Die Hausbibliothek

Die Gründung einer Hausbibliothek war unter Friedrich Wilhelm IV. erfolgt. Die Idee war, die Privatbibliotheken der jeweiligen Mitglieder des preußischen Herrscherhauses nach deren Tode an einer zentralen Stelle zusammenzufassen. Einen konkreten Vorschlag dafür unterbreitete Friedrich Wilhelms Bibliothekar Paul Duvinage (1804–1871). Konkret handelte es sich um rund 20 000 Bände, die im Berliner Schloss vereint werden sollten. Mit Schreiben vom 20. September 1862 genehmigte der preußische König Duvinages Vorschlag, klammerte jedoch unter anderem die Bibliotheksbestände in Charlottenburg und Potsdam aus. Sie sollten an ihren jeweiligen Standorten verbleiben. Die zusammengefassten Buchbestände fanden 1862 zunächst im Bereich der Kunstkammerräume über den Paradekammern des Lustgartenflügels Aufstellung. Zu den Schwerpunkten gehörten Literatur, Kunst, Geschichte und Geographie. Die wachsenden Bestände zogen unter Duvinages Nachfolger Robert Dohme (1845–1893) 1872 ins erste Obergeschoss des Spreeflügels unter die Braunschweigische Galerie. 1906 waren die Bestände auf mehr als 46 000 Bände angewachsen, die bis 1923 in den Neuen Pavillon (Schinkel-Pavillon) im Park des Schlosses Charlottenburg verlagert worden waren, doch infolge schlechter klimatischer Bedingungen 1923 in die Räume im Spreeflügel und in das angrenzende „Haus der Herzogin" zurückkehrten (625–630, 636, 637, 652, 653), die ehedem zur Wohnung Friedrich Wilhelms IV. gehört hatten. Zu den Schätzen gehörten unter anderem die Musikaliensammlungen Friedrichs II. und seines Neffen Friedrich Wilhelms II., ferner Aquarelle und Grafiken aus dem Besitz von Königin Elisabeth. Auch nach den Vermögensauseinandersetzungen 1925/26 blieb die 1928 „Schlossbibliothek" genannte Einrichtung im Eigentum des Hauses Hohenzollern.

Der Alabastersaal (766)

Das repräsentative Herz des Schlosses des Großen Kurfürsten bildete Nerings Alabastersaal. Dieser neue barocke Festsaal des Schlosses ersetzte den früheren Langen Saal Joachims II. im Schlossplatzflügel, der wegen seiner geringen Raumhöhe und der schlechten Lage als unmodern empfunden wurde. Er entstand 1681 bis 1685 als Verlängerung des Quergebäudes nach Norden durch den Abriss des oberen Teils des früheren Altantraktes über der Hofküche. Die beiden Langseiten dieses „Neuer", „Großer", „Weißer" oder „Scheener" Saal genannten Raumes enthielten zum Großen und Kleinen Schlosshof je fünf langgezogene Fenster. Zwischen den Fenstern hatte der Architekt Halbnischen eingefügt, die von Pilastern und korinthischen Kapitellen gesäumt waren und ein reich verziertes Gesims trugen. Je sechs an den Lang- und je zwei an den Schmalseiten nahmen die 16 Statuen von Bartholomäus Eggers auf, die dem Saal den charakteristischem Namen verliehen hatten: Alabastersaal. Zwölf dieser Statuen verkörperten die brandenburgischen Kurfürsten. Zu ihnen gesellten sich die vier Statuen der von Friedrich Wilhelm am meisten geschätzten Kaiser Julius Cäsar, Alexander und Karl der Große sowie Rudolf von Habsburg. Mit Ausnahme zweier verschollener Kurfürstenstatuen befinden sich

Rekonstruktionszeichnung des Alabastersaales nach Albert Geyer, 1936

heute 14 dieser Skulpturen im Neuen Palais Potsdam. Mit den Kurfürstenstatuen geriet der Saal nicht nur zu einer barocken „Ruhmeshalle Brandenburgs", sondern machte mit den Kaiserstatuen über die dynastische Bedeutung hinaus einen noch höheren Anspruch deutlich. Der Saal, dessen Boden schwarz-weißer Marmor bedeckte und dessen gewölbte Decke üppige barocke Stuckaturen und Malereien zierten, bot den passenden Rahmen für barocke Huldigungen durch die ersten beiden Stände, Adel und Geistlichkeit, sowie Versammlungen der kurmärkischen Stände. Hier erhielt Friedrich III. 1690 vom englischen König den

Hosenbandorden verliehen. Unter demselben Herrscher wurde auch das Schicksal des Saales besiegelt, als Eosander den Raum in der Folge der Fortführung des Schlossbaues durch die Anlage eines hofseitigen Risalits um rund ein Fünftel verkürzte. Friedrich Wilhelm I. schuf mit dem Weißen Saal einen neuen Festsaal. Durch den Funktionsverlust geriet der Raum allmählich ins Abseits. Friedrich II. nutzte ihn noch als Hoftheater. Kaiser Wilhelm I. ließ den Torso zum Möbelmagazin umbauen und dafür in der Hälfte teilen. Ein Rest der Wandgliederung blieb erhalten, so dass Albert Geyer 1897 im Hohenzollernjahrbuch eine Rekonstruktion des Raumes vorstellte. 1936 gelang es, den Saal für die Preußischen Staatstheater in seinen Proportionen annähernd wiederherzustellen.

Die Innenräume — Das Erdgeschoss

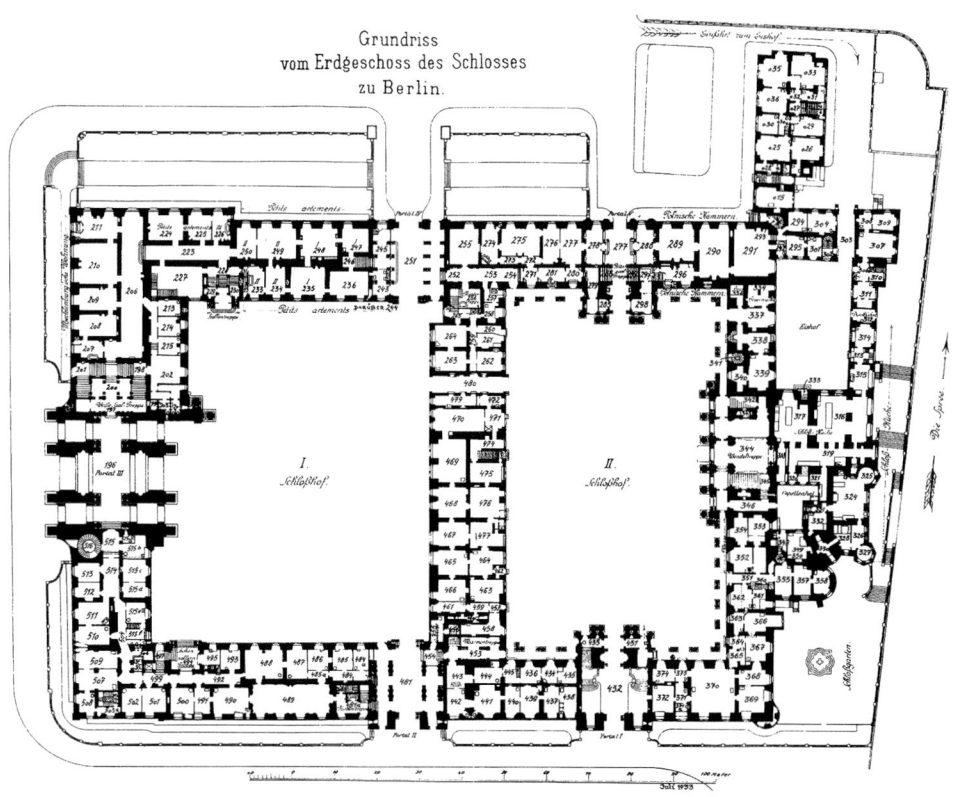

Grundriss, Juli 1933

Boucher-Teppich im Salon der Mecklenburgischen Kammern, 1921

Die Mecklenburgischen Kammern

Im Rahmen des Neuausbaues des Weißen Saales in den 1890er Jahren entwarf der Architekt Albert Geyer (1846–1938), der zugleich Mitglied der Schlossbaukommission war, neben der Wilhelmschen Wohnung im ersten Obergeschoss (521–526) auch die darunter gelegenen „Mecklenburgischen Kammern". Sie erhielten ihren Namen nach der Schwester Wilhelms I., Prinzessin Alexandrine v. Mecklenburg (1803–1892). Alexandrine hatte zwar die Räume zum Lustgarten bewohnt, doch blieben nach der Planung Geyers nurmehr fünf Räume zur Schlossfreiheit übrig (207–211), die der Architekt bis 1903 im neobarocken Stil gestaltete und ausstattete. Erschlossen waren sie über die Weiße-Saal-Treppe, die in einen vom Lustgarten her belichteten Korridor führte. Nach Westen lagen die Mecklenburgischen Kammern, nach Osten schlossen sich bis zum Portal IV die Petits Appartements an – Räume, die ursprünglich bereits Friedrich Wilhelm I. bewohnt hatte, um dem Exerzieren seiner Soldaten näher zu sein. Beim Blick in den Salon fielen die Boucherteppiche ins Auge (Abb. S. 160), die 1903 hier und im angrenzenden Kabinett in neobarockem Ambiente untergebracht wurden und später zum Schlossmuseum gehörten. Sie waren 1749 in der Manufaktur in Beauvais nach Vorlagen Bouchers entstanden. 1766 gelangten fünf aus der Serie „Götterliebschaften" in den Besitz Friedrichs des Großen und konnten für den Ausbau der Gästewohnung im Berliner Schloss zusammengeführt werden. Der am Stil der Königszeit orientierte Dekor wies eine Vertäfelung mit hell lackierten Oberflächen und marmorierten Türrahmen auf. Den Raum selbst zierte eine weiß gefasste Stuckdecke.

Die Staatsratsräume (489 und 490)
Mit den zuletzt von der Kaiser-Wilhelm-Gesellschaft (heute: Max-Planck-Gesellschaft) genutzten Räumen des Preußischen Staatsrates (489 und 490) im Erdgeschoss des Schlossplatzflügels fand sich eine vom Freiherrn von und zum Stein initiierte Institution in unmittelbarer Nähe des Monarchen. Sie übte als Beratungsorgan des Königs zwischen 1817 und 1918 in allen die Regierung, Verwaltung und Jurisdiktion betreffenden Fragen eine wichtige Funktion aus. Über verschiedene Fachausschüsse, etwa für Auswärtige Angelegenheiten oder für Finanzen, konnte der Staatsrat Empfehlungen aussprechen oder entsprechende Gutachten verabschieden. Der Tagungsort selbst bestand aus einem rund 18 Meter langen und sieben Meter breiten Saal, der zwischen 1809 und 1817 westlich von Portal II entstand. Seine strenge Gliederung erfuhr der ringsum mit Stuckmarmor verkleidete, klassizistische Raum durch aus der Wand heraustretende korinthische Pilaster und Kapitelle unter einem umlaufenden Gebälk und einer gewölbten Kassettendecke, während der Fußboden als schlichter Dielenboden zweckentsprechend gestaltet war. Die Pläne dazu stammen vermutlich von Schinkel. Nach 1848 erhielt der Staatsratssaal, dessen Bedeutung mit der Entwicklung des Konstitutionalismus immer mehr schwand, eine neue Funktion als Sitz des Hausarchivs. 1910 zog dann die von Wilhelm II. nach US-amerikanischem Vorbild der großen wissenschaftlichen Stiftungen gegründete Kaiser-Wilhelm-Gesellschaft in die Räume am Schlossplatz.

Ansprache Kaiser Wilhelms II. am 31. Juli 1914 vom Balkon des Rittersaals über Portal V

„Eine schwere Stunde ist heute über Deutschland hereingebrochen", mit diesen Worten begann Wilhelm II. am 31. Juli 1914 seine Rede vom Balkon des Rittersaals über Portal V an die im Lustgarten versammelten Menschenmassen anlässlich der deutschen Kriegserklärung, die in den Ersten Weltkrieg führte. Als derselbe Kaiser Wilhelm II. am 9. November 1918 abdankte, geriet das Berliner Schloss wiederum ins Blickfeld, jedoch als revolutionärer Sammelpunkt. Nachdem der sozialdemokratische Reichstagsabgeordnete Philipp Scheidemann (1865–1939) um 14 Uhr von einem Fenster des Reichstagsgebäudes die Abdankung des deutschen Kaisers bekannt gegeben hatte, fuhr gegen 16.30 Uhr Karl Liebknecht (1871–1919) vor dem Berliner Schloss vor und erklärte noch im Wagen stehend: „Das Schloss ist jetzt Eigentum des Volkes" und stehe unter dem Schutz des Berliner Arbeiter- und Soldatenrates. Vom Balkon über Portal IV verkündete er im Anschluss die sozialistische Republik Deutschland. Die mit Liebknecht ins Schloss eingedrungene, „von einem Zufall blind zusammengewürfelte Gesellschaft" (Petras) hatte eine andere Vorstellung von „Volkseigentum" und plünderte bis zum 13. November die Privaträume der kaiserlichen Familie und andere Räume. Die neugebildete preußische Regierung unterstellte das Schloss an diesem Tag dem Finanzministerium, das als Schutz des Schlosses die Volksmarinedivision einsetzte und das Gebäude räumen ließ. Die Eindringlinge brachte man in den Neuen Marstall, einige wurden der Stadtvogtei übergeben. Doch die Volksmarinedivision entwickelte sich zu einer ‚organisierten Räuberbande', wie der am 12. Dezember 1918 veröffentlichten Denkschrift des Finanzministeriums zu entnehmen ist. „In 500 Zimmern des Schlosses ist jedes Behältnis geöffnet oder erbrochen und seines Inhalts,

Straßenkämpfe in Berlin, Zerstörungen am Neuen Marstallgebäude, 1918

wenn er wertvoll war, beraubt worden. Der Wert der bisher geraubten Gegenstände dürfte bereits 1 Million erreichen." Am 18. Dezember trafen das Finanzministerium und die Marinedivision die Vereinbarung zur Räumung des Schlosses und Unterbringung der Matrosen im Marstallgebäude. Das jedoch nicht freie Gebäude und die ausstehende Lohnzahlung ließen die Situation kurz vor Weihnachten 1918 eskalieren. Der Berliner Kommandant wurde im Marstall gefangen gesetzt, das Schloss als „Pfand der Volksherrschaft" in Besitz behalten. Die Regierung reagierte unter Zuhilfenahme der Gardetruppen, die das Schloss nach abgelaufenem Ultimatum am Ersten Weihnachtstag 1918 unter Beschuss nahmen – mit teils verheerenden Folgen für Gebäude und Innenräume. Bewaffnete Matrosen wurden standrechtlich erschossen. Sieben von ihnen im Kaiserlichen Speisesaal (696) bzw. Vestibül des Großen Treppenhauses (344) aufgebahrt. Am 31. Dezember 1918 war das Schloss geräumt.

Das Schlossmuseum

Historische Wohnräume
Die eigentlichen Wohnräume der Könige und Kaiser am Schlossplatz blieben der Zivilbevölkerung bis 1926 verschlossen. Am 4. April dieses Jahres wurden diese Räume durch die noch zuständige Krongutsverwaltung geöff-

Erasmus-Kapelle, Blick nach Osten, nach 1926

net, gewissermaßen im Vorgriff auf die 1927 erfolgte „Fürstenabfindung" zwischen dem Haus Hohenzollern und dem Preußischen Staat. Anders als das Schlossmuseum mit seinen kunstgewerblichen Beständen zeigte die in der Folge als Hüterin der Schlösser und Gärten eingesetzte Preußische Schlösserverwaltung die einstige Wohnung des letzten deutschen Kaisers in Gestalt eines musealisierten Raumkunstmuseums, das von Oberhofbaurat Albert Geyer, dem letzten Direktor der 1921 aufgelösten Schlossbaukommission, in einem eigenen Amtlichen Führer – „Die historischen Wohnräume im Berliner Schloss" – beschrieben wurde. Dieses Museum umfasste 22 Säle und reichte vom Großen Treppenhaus über den Pfeilersaal des ersten Obergeschosses des Schlossplatzflügels hinaus. Zu den Besonderheiten gehörte die als einheitlicher Raum wiederhergestellte Erasmus-Kapelle (644, 645, 649), in der nun Kurfürstenbildnisse und Cranach-Gemälde gezeigt wurden, das restaurierte ehemalige Schreibzimmer Friedrichs des Großen (648), das nach einem Aquarell wiederhergestellte Wohnzimmer (658) und der Teesalon Königin Elisabeths (659). Nicht gezeigt wur-

Schreibzimmer Friedrichs des Großen nach der Wiederherstellung 1926

den jedoch zunächst die privaten Nebenräume wie Schlaf-, Bade- und Ankleidezimmer des Kaiserpaares, zumal große Teile des Mobiliars nach 1918 ins holländische Exil nach Doorn gelangt waren. Neben den Schauräumen hatte auch die Schlösserverwaltung ihren Sitz im Schloss, ferner vor allem seit 1918 eine ganze Reihe von Institutionen und Einrichtungen, darunter etwa von 1925 bis 1931 das Museum für Leibesübungen am Eishof oder die Studentenmensa in der alten Schlossküche des Spreeflügels.

Das ehemalige Schreibzimmer Friedrichs des Großen (648) blieb als einziger Raum seiner Wohnung im Berliner Schloss von späteren Umbauten weitgehend verschont. Im 19. Jahrhundert hatte er während der Nutzung als Schreibzimmer durch Königin Elisabeth an Wänden und Decken einen kräftigen blauen Anstrich erhalten, der erst während der musealen Nutzung Mitte der 1920er Jahre zugunsten der blassgrünen Ursprungsfassung aufgegeben wurde. Unter Wilhelm II. gehörte das Schreibzimmer dann zur Kaiserlichen Wohnung und wurde – mit neobarockem Mobiliar ausgestattet – als Gästezimmer genutzt.

Erst um 1745 hatte sich Friedrich II. entschlossen, einige Räume im Schloss neu einrichten zu lassen. Mit dem kreisrunden Schreibkabinett im Spreeflügel nahm Friedrich den Gedanken seines Rheinsberger Turmzimmers und der Bibliothek von Sanssouci, eines kreisrunden, flach überkuppelten Raumes, wieder auf, das Johann August Nahl d. Ä. (1710–1781) und Johann Michael Hoppenhaupt (1709–1769) überreich mit Rokokoornamenten ausstatteten. Dazu gehörten vergoldetes Leistenwerk und Verzierungen, schmale Flächen mit gemalten Blumenstücken über reich gerahmten Spiegelflächen, die, unterbrochen von sehr schmalen rocaillengeschmückten Feldern, mit breiten, von Palmenstämmen gerahmten und von strahlenden Sonnenköpfen bekrönten Flächen abwechselten. Dem Fenster gegenüber ließ Friedrich II. das Gemälde der Tänzerin Barbarina von Antoine Pesne einfügen. Das Bild der Tänzerin Barbara Campanini (1721–1799) entstand vermutlich eigens für das Schreibzimmer des Schlosses. Ihre lebensgroße Darstellung war zur Zeit ihrer Entstehung etwas völlig Neues in Preußen, wurden doch damals nur sehr hochgestellte Persönlichkeiten in Ganzfigur porträtiert. Friedrich Wilhelm IV. nahm an der Gestaltung des Bildes Anstoß und ließ es entfernen. Es kehrte erst während der Restaurierung des Raumes in den 1920er Jahren zurück.

Östliches Zimmer der Prinzess-Marie-Kammern in musealer Nutzung nach 1921

Sammlungen des Kunstgewerbemuseums
Bereits im Sommer 1920 war das Kunstgewerbemuseum aus seinem Stammgebäude, dem heutigen „Martin-Gropius-Bau", in die Räume des Schlosses umgezogen und wurde dort am 1. September 1921 eröffnet. Um die Unterbringung des nunmehrigen Schlossmuseums hatten sich der Generaldirektor der Königlichen Museen, Wilhelm v. Bode (1845–1929), und der Direktor des Kunstgewerbemuseums und Amtsnachfolger Bodes, Otto Ritter von Falke (1862–1942), bemüht. Das Mu-

seum erhielt Räume am Lustgarten und im Spreeflügel, doch weit weniger Platz, als für die umfangreichen Sammlungen erforderlich gewesen wäre. So mussten wertvolle Studiensammlungen in der damaligen Prinz-Albrecht-Straße verbleiben, anderes wurde zusammengedrängt oder wenn nötig magaziniert. Die 1867 als Vorbildsammlung für Handwerker und Fabrikanten in der beginnenden Industrialisierung gegründete Exposition war in Themeneinheiten, Material- und Produktgruppen gegliedert, was zwangsläufig zu Überschneidungen mit den kunstvoll ausgestalteten ehemaligen Repräsentationsräumen des Schlosses führte. So stand neben dem im Rittersaal des Schlosses verbliebenen Silberbuffet das Lüneburger Ratssilber, während Objekte der italienischen Renaissance im Östlichen Zimmer der Prinzess-Marie-Kammern (846; Abb. S. 167) gezeigt wurden. Das Museum wuchs durch Zustiftungen, Schenkungen und Ankäufe. Zu seinen anfänglich 70 Räumen kamen bis Anfang der 1930er Jahre zwölf hinzu. Im Oktober 1932 wurde die Schlosskapelle den Besuchern des Schlossmuseums zugänglich gemacht, 1933 damit begonnen das Inventar neu zu ordnen und die kunsthistorisch und kulturgeschichtlich bedeutenden Räume von störenden Vitrinen zu befreien. Dazu gehörten die Paradekammern ebenso wie die Königskammern, die man 1936 „nur durch einige im Stil passende Möbel wohnlicher" (Petras) gestaltete. Der Eingang zum Schlossmuseum lag am Portal III. Hier waren in der Kaiserzeit zu den Hoffesten die bürgerlichen Herren ins Schloss gelangt, während die Damen dafür Portal IV benutzten. Bis hierhin zogen sich auch die Erdgeschossräume des Museums mit den Mecklenburgischen Kammern und Petits Appartements, der darüber gelegenen Wilhelmschen Wohnung und den bis zum Portal V reichenden Königskammern. Noch umfangreicher zeigten sich dem Besucher die Räume des zweiten Obergeschosses vom Weißen Saal, über die Parade- und Kurfürsten- und Braunschweigischen Kammern bis hin zu den Elisabeth- und Prinzess-Marie-Kammern des Schlossplatzflügels. Mit dem in den Räumen als Leihgabe der Preußischen Schlösserverwaltung verbliebenen Mobiliar präsentierte das Schlossmuseum eine einzigartige Ausstellung, die nicht nur über das einstige Berliner Kunstgewerbemuseum weit hinausreichte.

Vom Untergang zum Wiederaufbau

Die Zerstörung des Schlosses im Zweiten Weltkrieg

Mit Kriegsausbruch am 1. September 1939 wurden Schlossmuseum und Historische Wohnräume wie alle deutschen Museen geschlossen, die Bestände verpackt und zunächst in die Schlosskeller verbracht. Eine Mitte der 1930er Jahre von der Preußischen Schlösserverwaltung vorgenommene Klassifizierung der

Die Zerstörungen von 1945 hatte nur die Nordwestecke mit dem Weißen Saal einigermaßen glimpflich überstanden, Fotografie vom Sommer 1950.

Schlösserinventare unterschied wertvollste unersetzliche und wertvolle, jedoch ersetzliche Stücke. Neben dem Verbleib in den jeweiligen Kellern war damals der Vorschlag aufgekommen, Schloss und Park Babelsberg als zentrales Auslagerungsdepot zu nutzen. 1940 öffneten die Museen, darunter das Berliner Schloss, ihre nunmehr spärlich möblierten Räume kurzzeitig wieder für Besucher, bis sie zum Winter 1941/42 komplett schlossen. Mit Zunahme der britischen Luftangriffe 1942 verstärkten sich auch die Auslagerungsaktivitäten im Schloss. Neben dem Flakbunker Friedrichshain wurden jetzt weiter entfernte Schlösser und Klosteranlagen zum sicheren Verwahrungsort erkoren. Für das Berliner Schloss mit den Sammlungen des Schlossmuseums und der Bestände der Staatlichen Schlösser und Gärten waren dies: Borkow, Dobitschen, Lehnin, Molsdorf, Oegeln, Paretz, Sonnenwalde, Sophienhof, Weißensee/ Thür. und Zützen sowie die Bergwerke von Bernterode, Grasleben, Kaiseroda und Schönebeck. Vor Ort versuchte man, die Fenster mit Splitterschutzeinrichtungen zu sichern. Bis Ende 1943

Schlüters Portal I am Schlossplatz war bis auf die wenige Figuren der Balustrade fast unbeschädigt geblieben. Das Foto entstand am 14. Oktober 1950, etwa 14 Tage vor der Sprengung.

Während die Innenräume großenteils vernichtet waren, hatte die grandiose Außenarchitektur Schlüters die Zerstörungen von 1945 überstanden, wie das Beispiel des Mittelrisalits des Großen Treppenhauses im Kleinen Schlosshof zeigt. (Foto: Juli 1950)

blieb das Schloss von Bombenangriffen verschont. Bei den schweren Angriffen vom 22./ 23. und 24. November 1943 befand sich der Komplex inmitten eines Orkans aus Rauch und

Die Schlüterschen Wanddekorationen des Elisabethsaals (844) waren trotz der starken Witterungseinflüsse noch Mitte Juli 1950 gut erhalten und wären rettbar gewesen.

Blick von der Marmortreppe (453, 676, 856) am Portal II im September 1950

Funken, die erstmals einen Teil des Inneren vernichteten. Bis 1944 gelang es den Fotografen Hans und Peter Cürlis, neben zahlreichen Schwarz-Weiß- auch noch 149 Farbaufnahmen der barocken Deckenmalereien und -stuckaturen aufzunehmen. Im Mai 1944 richtete eine Sprengbombe an der Lustgartenfassade schwere Schäden an (Abb. S. 169). Dabei wurde ein Teil der Gobelingalerie, der Königskammern und der Mittelalter-Räume des Erdgeschosses zerstört. Nach diesem Angriff wurden die Evakuierungstransporte fortgeführt. Doch noch immer war das Schloss in weiten Teilen erhalten, bis der große Tages-

Puttengruppen im Vestibül des Großen Treppenhauses, Aufnahmen im September (links) und Oktober (rechts) 1949

angriff vom 3. Februar 1945 das alte Zentrum Berlins mitsamt der Hohenzollernresidenz in ein Ruinenmeer verwandelte. Zahlreiche Spreng- und Brandbomben verheerten den Barockbau. Einzig der Weiße-Saal-Flügel, die unteren Etagen der Großen Haupttreppe und einige Räume entlang der Schlossplatzseite, darunter der Staatsratssaal, entgingen der völligen Vernichtung. Ende April, kurz vor der bedingungslosen Kapitulation, wurde das Schloss wiederum zur Zielscheibe und mit schwerer Artillerie beschossen, wobei Eosanderportal und Schlossplatzfassade neue Schäden davontrugen. Dennoch hatte die großartige Architektur Andreas Schlüters ebenso wie das Eosanderportal der völligen Zerstörung widerstanden.

Das politische Plakat zum Pfingsttreffen der SED-Jugendorganisation FDJ („Freie Deutsche Jugend") vor Böhmes Portal II am Schlossplatz wirkt mit seiner roten Fahne in der Mittelachse wie eine Kampfansage. Einen Tag vor der Aufnahme des Bildes, am 27. Mai 1950, war eine DDR-Fachdelegation von Mitgliedern des Ministeriums für Aufbau aus Moskau zurückgekehrt. Ihre Ergebnisse führten nicht nur zu den von der DDR-Regierung am 27. Juli 1950 verabschiedeten „Grundsätzen des Städtebaues", sondern lieferten auch die Begründung für die Vernichtung des Schlosses.

Das Schloss als Filmkulisse 1949

Als die Sowjets 1949 den zweiteiligen Monumentalfilm „Der Fall von Berlin" (Originaltitel: „Padenije Berlina") drehten, geriet das Schloss als Filmkulisse noch einmal zur unfreiwilligen Zielscheibe von mutwilliger Zerstörung. Explodierende Granaten, Gewehrfeuer und Panzer, die mit ihrem Geheul die Ruinen umdröhnten, sorgten am 3. und 5. Oktober für eine gespenstische Stimmung um die kriegsmäßig ausstaffierte Schlossfreiheit. Hier allein barsten über 200 Fensterscheiben des Schlossmuseums unter dem Feuer der Geschütze. Damit nicht genug: auch die ohnehin geschundene Architektur wurde zur Zielscheibe, etwa die nach Schlüters Entwürfen gestalteten Puttengruppen im Großen Treppenhaus, an die sowjetische Soldaten Hand angelegt hatten. Die zerschlagenen Reste zermalmten im Anschluss noch die Panzer. Anstatt im Schloss nur Feuerwerkskörper und weiße Fahnen anzubringen, waren die im Film mitwirkenden Soldaten ins Gebäude eingedrungen und hatten im ohnehin stark zerstörten Schlossmuseum noch vorhandene alte

Wandbespannungen beschädigt und Museumsstücke zerstört. Um ein Haar hätte der Museumskastellan sein Einschreiten mit dem Leben bezahlt, als er von einem „wie in Kriegspsychose wütenden Soldaten" (Petras) attackiert wurde. Die Intervention der Museumsleute bei der Berliner Zentralkommandantur der Sowjets gegen das Vorgehen blieb erfolglos.

Der Untergang des Schlosses

Nach Kriegsende war das Berliner Schloss in die Treuhänderschaft des Magistrats von Groß-Berlin gefallen, der den wenig zerstörten Flügel an der Schlossfreiheit sichern ließ, um die darin noch erhaltenen Sammlungen des Schlossmuseums zu schützen. Der Weiße Saal erhielt durch Initiative des Stadtbaurates Hans Scharoun (1893–1972) eine Notdecke. Außerdem wurden zwei Säulen des Eosanderportals in Ziegelmauerwerk erneuert. Bereits im Sommer 1946 öffnete der verbliebene Trakt mit der Ausstellung „Berlin plant / Erster Bericht" (22.08.–15.10.), „Französische Malerei" (22.10.–06.11.) und „Wiedersehen mit Museumsgut" (Dezember) seine Pforten. Es waren die ersten drei Ausstellungen im Nachkriegsberlin, die die Bevölkerung als großartige Erlebnisse empfand und die das Schloss im Gedächtnis der Menschen hielt. 1948 be-

Arbeiter beim Bohren der Sprenglöcher am 15. September 1950. Zu diesem Zeitpunkt hatte die Zerstörung längst begonnen. Bereits am 6. September 1950 war der Hofapothekenflügel als erster Bauteil gesprengt worden.

stand die letzte Gelegenheit, den Weißen Saal zur Jubiläumsausstellung der Revolution von 1848 zu besichtigen, ehe der „Kalte Krieg" die

Die Ecke Schlossfreiheit/Schlossplatz am 17. September 1950. Tag zuvor war der Gebäudeteil gesprengt worden.

Ein Schuttberg bedeckt die letzten Teile des Hauses der Herzogin und der Spreeterrassen davor. Teile der Trümmer waren bei der Sprengung in die Spree gesunken. Die Fotografie vom 4. November 1950 zeigt noch Reste des Mittelrisalits des Großen Treppenhauses und die Kuppel des Eosanderportals im Hintergrund.

Der gesprengte Weiße-Saal-Trakt der Nordwestecke am 12. Dezember 1950. Seine Mauern hatten der Zerstörung 1945 weitgehend getrotzt, die noch nicht gesprengte Weiße-Saal-Treppe hatte die Zerstörung ohne Beschädigungen überstanden.

Stadt in zwei Hälften teilte. Die Spaltung des Magistrats hatte gravierende Folgen für das Schloss. Am 21. Oktober 1948 ordnete das Baupolizeiamt Mitte die Teilräumung wegen Baufälligkeit an. Dazu gehörten auch Trakte des Schlossmuseums. Im März 1949 schließlich wurde das gesamte Schloss gesperrt. Bereits seit längerer Zeit hatten sich in Ost-Berlin die Stimmen gemehrt, das Schloss abzureißen, obgleich es in beiden Hälften der Stadt auch Versuche gab, das Gebäude wenigstens partiell zu erhalten. Die endgültige, ideologische Entscheidung traf allein Walter Ulbricht (1893–1973) auf dem Dritten SED-Parteitag am 22. Juli 1950. Er forderte neben dem Lustgarten auch auf dem Schlossgelände einen „Demonstrationsplatz", wo ausgerechnet der Kampf- und Aufbauwille des Volkes zum Ausdruck ge-

Am 12. Dezember 1950 waren weite Teile der Anlage geschleift: neben dem Weißen-Saal-Trakt und der kompletten Fassade am Schlossplatz war auch der Lynarsche Querbau völlig dem Erdboden gleichgemacht. Einzig die Reste des Spreeflügels (rechts), ein Teil des Lustgartenflügels und das Eosanderportal waren zu diesem Zeitpunkt noch existent.

Vier Monate später ist das Hohenzollernschloss verschwunden. Über 500 Jahre Politik, Kunst-, Kultur- und Architekturgeschichte sind ausgelöscht. Am 19. April 1951 waren stattdessen die Arbeiten an der zentralen Tribüne des Aufmarschplatzes noch in vollem Gange.

Die Tribüne auf der Ostseite des Marx-Engels-Platzes war zum Teil aus Baumaterial des zuvor gesprengten Schlosses entstanden.

bracht werden sollte. Bereits am 6. September 1950 begannen die Sprengungen des Apothekenflügels, dem sukzessive weitere Abschnitte folgten. Am 16. September 1950 fiel die Ecke Schlossfreiheit/Schlossplatz. Noch stand das Eosanderportal, dessen Abbruch am 30. Dezember das Schicksal des Schlosses besiegelte. 13 000 Kilogramm Sprengstoff vernichteten das kulturelle Erbe, das vor allem mit dem Namen Andreas Schlüter verbunden war. Der Plan selbst wurde „vorfristig erfüllt". Alle Proteste von Architekten, Denkmalpflegern und namhaften Kunsthistorikern verhallten unbekümmert. „Vier Monate keuchten Lastwagen, Schlepper, Traktoren, die ungeheuren Trümmermassen und Mauerreste fortzuschaffen. […] Ein halbes Jahrtausend deutscher Kulturgeschichte […] war ausgelöscht." (Cyran)

Der Aufmarschplatz

Noch prägten am 6. Februar 1951 die letzten Schuttberge das Areal des Schlosses, da begannen bereits die Arbeiten an der Einebnung des Baugrundes. Schließlich mussten sie rechtzeitig zur Parade am 1. Mai abgeschlossen sein. Zu diesem Zeitpunkt wurde der rund 240 mal 400 Meter große Freiraum des „Zentralen Platzes", der provisorisch den Namen „Platz des Roten Oktobers" erhalten hatte, mit einer „machtvollen Manifestation" als neuer Aufmarschplatz im Zentrum Berlins eingeweiht. Für die großen Aufmärsche erwies sich der Ort, der am 23. April 1951 vom Berliner Magistrat in „Marx-Engels-Platz" umbenannt wurde, letztlich als zu verwinkelt und zu klein. So fanden in den Folgejahren zahlreiche Demonstrationen in der neu entstandenen Stalinallee (heute: Frankfurter Allee) statt. Auch die 1951 in kurzer Zeit zum Teil aus Abbruchmaterial des Schlosses errichtete Tribüne vermochte kaum den gestalterischen Ansprüchen des Ortes zu genügen. Noch vor Beginn der Sprengungen hatte sich am 28. August 1950 der sachsen-anhaltische Landeskonservator Wolf H. Schubert als Mitglied der Kommission für Denkmalpflege der Deutschen Akademie der Wissenschaften in einem Schreiben an SED-Generalsekretär Walter Ulbricht zu Wort gemeldet und genau auf diese Faktoren hingewiesen. Schubert gab zu bedenken, was am Ende eintrat. Er schrieb: „Nach dem Abbruche des Schlosses, der architektonischen Dominante des sonst uneinheitlichen Straßen- und Platzgefüges, würde ein langgestrecktes unregelmäßiges Rechteck vom Alten Museum bis zum Gebäude der geplanten neuen Staatsoper entstehen, das kaum als Platz anzusprechen wäre, da ihm die begrenzenden Wände fehlen." Und nicht nur die fehlende Platzgestalt selbst kritisierte Schubert, sondern auch die beiden parallelen Straßenzüge von heutiger Rathausstraße bzw. Liebknechtstraße/Unter den Linden, die den Platz im rechten Winkel durchschnitten und den letzten Rest von Räumlichkeit nahmen. Schließlich merkte Schubert an, dass der Platz „für Kundgebungen größten Stils noch immer zu klein sein" könnte.

Das Projekt des „zentralen Gebäudes"

Die frühesten Planungen für ein „Zentrales Gebäude" fielen noch in die Zeit, als das Schloss noch bestand. Der erste Entwurf Richard Paulicks (1903–1979), Leiter des Instituts für Bauwesen der Akademie der Wissenschaften der DDR, vom 26. Juli 1950 bezog das Schloss in seine Planungen mit ein und ließ es zunächst unangetastet. Sein „zentrales Gebäude", dessen Funktion und Form sich erst in einem längeren Prozess entwickelte, hatte er auf der östlichen Spreeseite vorgesehen. Als kubische Hochhausscheibe konzipiert, sollte es den im Süden vom Roten

Entwurf Richard Paulicks für das „Zentrale Gebäude" vom Frühjahr 1952

Rathaus begrenzten und vom Ostufer der Spree bis zum Alexanderplatz reichenden Platz bestimmen. Gemäß des am 23. August 1950 von der DDR-Regierung beschlossenen Plans zum Neuaufbau Berlins (Neugestaltungsplan) wurden Lustgarten und Schlossareal für den „Zentralen Platz" festgelegt. Damit war der Abriss des Hohenzollernschlosses verbunden, an dessen Stelle die Planer nunmehr den Aufmarschplatz vorsahen. Unter den von Paulick vorgestellten Entwürfen fand sich auch jener aus der Zeit zwischen September und November 1951, der beispielhaft für den stalinistischen Zuckerbäckerstil steht und sich an der „Architektur der Nationalen Tradition" der Sowjetunion – speziell an das Gebäude der Moskauer Lomonossow-Universität – anlehnte. Als Baugrund hatte Paulick das spätere Marx-Engels-Forum vorgesehen, dessen Eingang eine breite, über die Spree geschlagene Brücke bilden sollte. Ein anderer Entwurf der Planungsgruppe Berlin, der der Deutschen Bauakademie am 10. Oktober 1952 vorgelegt wurde, wählte seinerseits den Schlossbaugrund als Standort mit einer Dreiflügelanlage auf dem alten Schlossgrundriss und einer Ausrichtung zum Lustgarten. Ein schlankes, etwa in der Verlängerung der Breiten Straße gelegenes Turmhochhaus sollte den Mittelpunkt bilden. Sowohl Paulick als auch die Architekten der Planungsgruppe ließen Raschdorffs Domgebäude unangetastet. Den frühen Wettbewerben folgten bis Anfang der 1960er Jahre weitere, doch trat die eigentliche Funktion des Bürohochhauses als Sitz der Regierung mehr und mehr in den Hintergrund, erst recht als der Ministerrat 1962 ins alte Stadthaus und der Staatsrat in das 1964 fertig gestellte Gebäude an der Südseite des Marx-Engels-Platzes gezogen war. „Die Realisierung des ‚Zentralen Gebäudes' blieb aber […] bis zur Planung und Errichtung des Palastes der Republik 1973–1976 unvollendet." (Kuhrmann)

Der Marx-Engels-Platz

Als frühestes Gebäude des Marx-Engels-Platzes ließ die DDR-Regierung 1962 bis 1964 an der Südseite des vormaligen Schlossplatzes zwischen Breiter Straße und Spreekanal das Staatsratsgebäude errichten. Der nach Entwürfen der Kollektive von Roland Korn und Hans Erich Bogatzky entstandene unsymmetrische dreigeschossige und mit Naturstein verkleidete Stahlskelettbau nahm in seinen Geschosshöhen die Proportionen des hier eingefügten Schlossportals IV auf. Von dort aus hatte Karl Liebknecht am 9. November 1918 die sozialistische Republik ausgerufen. Teile der Fassadenplastik waren vor der Sprengung geborgen und hier wieder eingebaut worden. Am Gebäude des östlich der Breiten Straße gelegenen Neuen Marstalls erinnerte nun eine Gedenktafel „an die Kämpfe der Volksmarinedivision, die hier während der Novemberrevolution ihr Hauptquartier hatte." (Bau und Kunstdenkmale der DDR) An Stelle der 1951 aufgeführten Tribüne erhob sich über dem ehemals ältesten Teil des Berliner Schlosses der 1973 bis 1976 erbaute Palast der Republik. In seiner von den Kollektiven um Heinz Graffunder und unter der Direktion von Ehrhard Gißke geplanten Architektur sollte er Zeugnis ablegen von dem neuen, modernen, demokratischen Staat. Weiträumigkeit und Eleganz des 85 mal 180 Meter großen, 32 Meter hohen, mit weißem Marmor und fast ringsum mit getöntem Spiegelglas verkleideten Bauwerkes präsentierten die auf dem Höhepunkt ihrer Innovations- und Investitionskraft stehende DDR. Neben dem Saal der Volkskammer war das Innere beliebter kultureller Treffpunkt – vor allem der rund 5 000 Menschen fassende Große Saal, dessen Multifunktionalität gerühmt wurde. Andererseits wurde auch vom

*Der Blick reicht vom Turm des Roten Rathauses nach Westen über das 1986 fertig gestellte „Marx-Engels-Forum"
auf den Palast der Republik und das Ministerium für Auswärtige Angelegenheiten.*

„Ballast der Republik" gesprochen, denn die nach Berlin abgeordneten Maurer- und Betonierkolonnen fehlten in ihren jeweiligen Bezirken. Jenseits einer Identifizierung mit dem System besaß der Palast aufgrund seiner vielfältigen Kultur- und Unterhaltungsangebote für viele Menschen in der DDR jedoch eine Identitätsfunktion. Nach Südwesten hin befanden sich jenseits des Spreekanals das Gebäude des Zentralkomitees der SED in dem nach Plänen von Heinrich Wolff 1934–1938 erbauten Erweiterungsbau der Reichsbank (heute: Auswärtiges Amt) sowie nördlich der Werderstraße das DDR-Ministerium für Auswärtige Angelegenheiten, ein elfgeschossiges, 44 Meter hohes und 145 Meter langes riegelartiges Gebäude aus den Jahren 1964 bis 1967 (1996 abgerissen).

Das Schloss als Illusion schob sich 1993/94 vor den Palast der Republik.

Visionen für die Mitte Berlins

Die Vision des Berliner Schlosses ist vor allem mit einem Namen verbunden: Wilhelm v. Boddien. Sein 1992 gegründeter Förderverein Berliner (Stadt-)Schloss e.V. ließ 1993/94 einen 124 mal 127 Meter großen, 30 Meter hohen Teil des Schlosses als Simulation wieder erstehen und sorgte damit für die „längste und heftigste Architekturdebatte im Nachkriegs-Deutschland" (Katalog Wiederaufbau Berliner Schloss). Die von der Pariser Künstlerin Catherine Feff mit der Fassade des Schlosses bemalten Planen beeindruckten selbst die Kritiker des Schlosses. Die Idee zum Vorhaben war von Frank Augustin und Goerd Peschken ausgegangen, beide Architekten und Peschken als Architekturhistoriker und emeritierter Professor für Baugeschichte Nestor der Forschung zum Berliner Schloss. Die 1:1-Kopie der Fassade – ursprünglich für 100 Tage konzipiert, prägte vom 30. Juni 1993

Ein im August 1993 gemeinsam von Bundesregierung und Berliner Senat ausgeschriebener Internationaler Städtebaulicher Ideenwettbewerb Spreeinsel, an dem sich 1 105 Architekten aus 49 Ländern beteiligt hatten und den Bernd Niebuhr 1994 mit einer modernen Architekturlösung gewann (Abb.), blieb folgenlos.

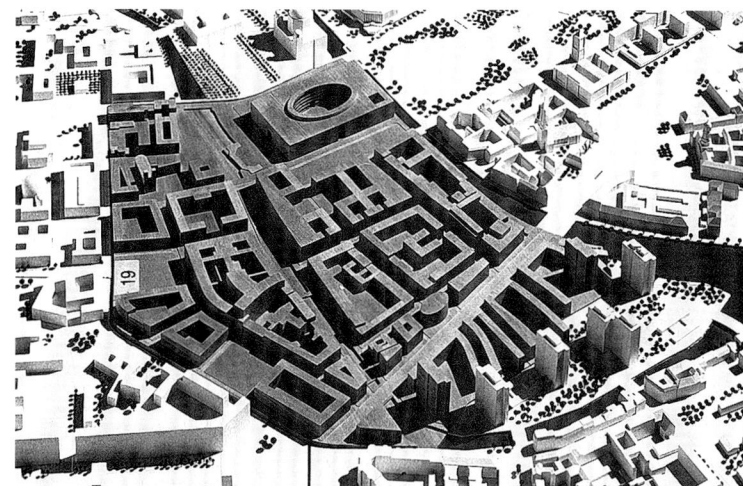

Parallele Nichtstaatliche Wettbewerbe zur künftigen Nutzung des Areals suchten zwischen 1990 und 2001 nach alternativen Vorschlägen, darunter auch der Architekt des Palastes der Republik Heinz Graffunder, der mit den Architekten Lothar Arzt und Lothar Gericke zwei Umgestaltungsentwürfe

des Palastes vorlegte, die eine Symbiose aus teilrekonstruiertem Schloss und Palast der Republik vorschlugen.

Palast der Republik von Heinz Graffunder und Karl-Ernst Swora, 1973–76, Abriss 2006

„Selektiver Rückbau Palast der Republik" verkündet das Baustellenschild am Schlossplatz. Seit 2006 wird das Gebäude sukzessive zurückgebaut, nachdem die zwischen 1998 und 2003 durchgeführte Asbestsanierung bereits zu einer nahezu vollständigen Entkernung des Inneren geführt hatte. 85 Millionen Euro wurden allein dafür verwendet.

bis zum 30. September 1994 das Erscheinungsbild an Lustgarten und Schlossfreiheit. An der Nahtstelle von Schlossattrappe und Palast der Republik setzte eine Spiegelfolie die Simulation fort. Im Innern des riesigen temporären Stahlgerüstbaues informierte vom 1. Juli bis zum 10. Oktober 1993 eine Ausstellung mit dem Titel: „Das Schloss?" über die Mitte Berlins und den Vorschlag zum Wiederaufbau des Berliner Schlosses. Im Dezember 1996 legte die Arbeitsgemeinschaft Berliner Stadtschloss, die sich aus dem Förderverein und den Architekten Ursulina Schüler-Witte und Ralf Schüler zusammensetzte, ein Wiederaufbau- und Nutzungskonzept vor, das „in den folgenden Jahren als Planungsgrundlage die Diskussion um den Neuaufbau bestimmte" (Kuhrmann). Am 31. Mai 1996 beschlossen der Bund und der Berliner Senat das Konzept einer kulturell-öffentlichen und wirtschaftlich-privaten Nutzung des Schlossareals. Gleichzeit fand eine Bekräftigung des Abrissbeschlusses vom 23. März 1993 für den Palast der Republik statt, der sich nicht mehr ins Konzept einfügen ließ. Der Bundestagsbeschluss vom 4. Juli 2002 räumte schließlich letzte Zweifel aus. Mit einer übergroßen Mehrheit von 380 zu 133 Stimmen entschieden die Abgeordneten zu Gunsten der Wiederherstellung der drei historischen barocken Außenfassaden und des Schlüterhofs des Berliner Schlosses.

Nach derzeitiger Planung soll der Abriss des Palastes der Republik im Jahr 2009 abgeschlossen sein. Der Blick vom Dom (April 2008) zeigt die nördliche Schmalseite des Gebäudes mit dem einstigen Volkskammertrakt. Rechts im Hintergrund ist das ehemalige Staatsratsgebäude mit Portal IV zu sehen.

Die Luftaufnahme blickt bereits in die Zukunft, von der Museumsinsel im Vordergrund und seinem kuppelgeschmückten Bode-Museum, über das Pergamon- und das Neue Museum zum Alten Museum und einem Lustgarten, der sich wieder mit dem zugehörigen Gebäude verbinden lässt. (Computeranimation)

Schlüters Schloss als Hort der Künste und Wissenschaften – Das Humboldt-Forum

Den entscheidenden Impuls zur Rekonstruktion der drei barocken Außenfassaden des Schlosses und des Schlüterhofs hatten die insgesamt 17 Mitglieder der im Oktober 1999 gemeinsam von Bundesregierung und Berliner Senat einberufenen Internationalen Expertenkommission Historische Mitte gegeben. Bei ihrer Endabstimmung am 19.

Lustgartenfront und Schlossfreiheit mit Eosanderportal und Stülerscher Kuppel. Rechts fällt der Blick auf das für die Bertelsmann-Stiftung rekonstruierte Gebäude des Kommandantenhauses (Alte Kommandantur). Die Rekonstruktion der Fassade geht dabei maßgeblich auf das Architekturbüro von Rupert und York Stuhlemmer zurück. Das Büro ist auch mit der historisch getreuen Rekonstruktion der drei barocken Außenfronten und des Schlüterhofs beauftragt. (Computeranimation)

Dezember 2001 votierte die Mehrheit für den Abriss des Palastes der Republik und den teilweisen Wiederaufbau des nunmehr „Humboldt-Forum" genannten Schlosses. Die Empfehlung enthielt keine Angaben zum ältesten Teil der Spreefassade und zu den Innenräumen. Gleichwohl bestätigte der Bundestag in seiner Abstimmung vom 4. Juli 2002 die

Keine Archivaufnahme, sondern eine Computeranimation erlaubt den Blick auf das fertig gestellte Schloss bei Nacht und märchenhafter Beleuchtung – hier von Nordwesten mit Spreekanal und Schlossbrücke. (Computeranimation)

Empfehlung. Das künftige „Humboldt-Forum" soll vor allem die außereuropäischen Sammlungen der Staatlichen Museen, die wissenschaftlichen Sammlungen der Humboldt-Universität und nicht zuletzt auch Teile der Zentral- und Landesbibliothek Berlin

Über die Balustrade des Zeughauses blickt man auf die Nordwestecke des Schlosses und das Eosanderportal. Im Hintergrund begrenzt das ehemalige Staatsratsgebäude den Schlossplatz nach Süden. (Computeranimation)

Die Ansicht von Südwesten erfasst Eosanders Westfassade ebenso wie die Südseite des Schlosses mit den vorgelagerten Terrassen. (Computeranimation)

aufnehmen. Von den 37 000 Quadratmetern Nutzfläche entfallen 24 000 Quadratmeter auf die Staatlichen Museen mit dem Ethnologischen, dem Indischen und dem Ostasiatischen Museum, 7 000 Quadratmeter auf die Bibliothek und weitere 6 000 Quadrat-

Trotz der mittlerweile sehr breiten Breiten Straße wird sich kein Berlin-Besucher der Wirkung des Schlosses und des ehedem von Böhme errichteten Portals II entziehen können. (Computeranimation)

meter auf wissenschaftliche Einrichtungen. Die Herausforderung an die Architekten besteht in der flexiblen Innenarchitektur, die wo immer möglich auch die historischen Raumfolgen berücksichtigen soll. Schließlich werden nicht wenige Besucher hinter der barocken Fassade auch die entsprechenden Räume suchen, die das Schloss ausmachten.

Von den rund 1200 ehedem im Berliner Schloss vorhandenen Räumen gelten etwa 60 als von herausragender kunstgeschichtlicher Bedeutung, darunter die Parade- und die Königskammern, deren Lage innerhalb des Neubaues möglichst unverbaut bleiben soll, um später ohne statische Eingriffe in die Substanz mögliche Rekonstruktionen durch-

Während ehedem alle Festsäle des Schlosses im Gebäudeinneren lagen, wird der überdachte Kleine Schlosshof (Schlüterhof) Berlins eindrucksvollster Festraum werden. Bereits in den 1930er Jahren hatten hier unter freiem Himmel Konzerte stattgefunden. (Computeranimation)

führen zu können. Dazu zählen nicht zuletzt die Treppenhäuser in den Portalrisaliten I und V. Der Auslobungstext nimmt darauf Rücksicht. Bislang liegen für den zweistufigen

Blick zum Portalrisalit I nach Süden. Durch dieses Portal war 1701 der frisch gekrönte König Friedrich I. ins Berliner Schloss eingezogen. (Computeranimation)

Architektenwettbewerb 164 Bewerbungen vor, von denen 50 in die engere Wahl gezogen wurden. Die Vision ist, das Humboldt-Forum bei einem Baubeginn im Jahr 2010 zum 25. Jahrestag der Deutschen Einheit am 3. Oktober 2015 „mit einem rauschenden Volksfest" einzuweihen. Der Name des Humboldt-Forums verbindet sich vor allem mit Alexander von Humboldt (1769–1859), dessen Name „für die weltoffene Beschreibung fremder Kulturen, für die Verbindung von Ästhetik und Natur, für das Bewusstsein einer kulturellen Koexistenz" steht. Als Gast Friedrich Wilhelms IV. gehörte er neben Ranke, Niebuhr, Schelling und Schinkel zu den Besuchern der Tee-Abende im gleichnamigen

Der Lustgarten wird wieder zu einem erlebbaren Stadtraum und bietet mit seiner in den 1990er Jahren neu entstandenen Grünfläche eine harmonische Verbindung der Historischen Mitte mit der Museumsinsel. (Computeranimation)

Tee-Salon des Schlosses. Mit dem Bau des Humboldt-Forums in der Kubatur des Schlüter-Eosanderschen Schlosses wird das Schlossterrain als ehemaliger Hort der Kunst- und Wunderkammer mit der nahen Museumsinsel „zu einer gedanklichen Einheit von Kulturerbe, Kulturwissen, Kulturbegegnung und Kulturerlebnis" verbunden.

Die verschiedenen Lichtstimmungen machen neugierig darauf, das neue alte Schloss in allen Facetten kennenzulernen. Schon in den 1930er Jahre waren Teile illuminiert. Hier fällt der Blick auf Portal IV mit der Gruppe der Rossebändiger. (Computeranimation)

Die Rekonstruktion des Schlosses hat längst begonnen. Die eindrucksvollen Architekturdetails, etwa der Verdachung eines Fensters der Beletage, belegen die hohe Handwerkskunst, mit der die einzelnen Architekturelemente nachgeschaffen werden müssen.

Das Zauberwort Handarbeit prägt den gesamten bildhauerischen Teil des Schlosses, um die Monotonie einer seriellen Fertigung gar nicht erst aufkommen zu lassen. Dazu gehört auch der Adler-Fries über dem Mezzaningeschoss des Schlosses. 80 Millionen Euro sind für die Finanzierung der Schlossfassaden veranschlagt.

LITERATURVERZEICHNIS (AUSWAHL)

Cyran, Eberhard: Das Schloß an der Spree. Die Geschichte eines Bauwerks und einer Dynastie, 3. Aufl., Berlin 1983.

Czech, Vinzenz: Burgen, Schlösser und Herrenhäuser in Berlin und Brandenburg, Petersberg 2007.

Demps, Laurenz; Geist, Jonas; Rausch-Ambach, Heidi: Vom Mühlendamm zum Schlossplatz. Die Breite Straße in Berlin Mitte, 1. Aufl., Berlin 2001.

Dohme, Robert: Das Königliche Schloss in Berlin, Berlin 1876.

Förderverein Berliner Schloss (Hg.): Das Schloss? Eine Ausstellung über die Mitte Berlins, 2., überarb. Aufl., Berlin 1993.

Förderverein Berliner Schloss (Hg.): Wiederaufbau Berliner Schloss. 2. Katalog der Fassaden- und Schmuckelemente, 2. Aufl., Berlin 2006.

Gall, Ernst: Das Berliner Schloss. Deutsche Kunst. Meisterwerke der Baukunst, Malerei, Bildhauerkunst, Graphik und des Kunsthandwerks hg. v. Ludwig Roselius, Bremen o. J.

Generaldirektion der Staatlichen Museen (Hg.): Führer durch das Schloßmuseum, Berlin 1921.

Geyer, Albert: Die historischen Wohnräume im Berliner Schloss, 2. Aufl., Berlin 1929.

Ders.: Geschichte des Schlosses zu Berlin I: Die kurfürstliche Zeit bis zum Jahr 1698, 2 Bde., Berlin 1936.

Hanemann, Regina: Das Berliner Schloß. Ein Führer zu einem verlorenen Bau, Berlin 1992.

Hennings, E.: Das Königliche Schloss in Berlin. Ein Führer durch seine Sehenswürdigkeiten, Berlin o. J.

Hinterkeuser, Guido: Das Berliner Schloss. Der Umbau durch Andreas Schlüter, 1. Aufl., Berlin 2003.

Ders.: Das Schloss Berlin, 1. Aufl., Regensburg 2003.

Ders.: Das Berliner Schloss – mehr als nur Fassade. Die verlorenen Innenräume des Berliner Schlosses und die Möglichkeiten der Rekonstruktion zerstörter Raumkunst nach 1945, hg. v. d. Gesellschaft Berliner Schloss e. V., München, Berlin 2006.

Krieger, Bogdan: Berlin im Wandel der Zeiten. Eine Wanderung vom Schloß nach Charlottenburg durch 3 Jahrhunderte, Berlin 1923.

Kuhrmann, Anke: Der Palast der Republik. Geschichte und Bedeutung des Ost-Berliner Parlaments- und Kulturhauses, Petersberg 2006.

Ladendorf, Heinz: Andreas Schlüter, Berlin 1936.

Peschken, Goerd; Klünner, Hans-Werner: Das Berliner Schloß, 2. Aufl., Frankfurt, Wien, Berlin 1982.

Peschken, Goerd; Wiesinger, Liselotte: Das königliche Schloß zu Berlin. Dritter Band: Die barocken Innenräume, 2 Teile, hg. v. Goerd Peschken u. Sepp-Gustav Gröschel mit Beiträgen v. Hans Junecke, München, Berlin 2001.

Petras, Renate: Das Schloss in Berlin. Von der Revolution 1918 bis zur Vernichtung 1950, 2., durchges. Aufl., Berlin 1999.

Redslob, Edwin: Barock und Rokoko in den Schlössern von Berlin und Potsdam, Berlin 1954.

Rodemann, Karl: Das Berliner Schloss und sein Untergang, Berlin 1951.

Rollka, Bodo; Wille, Klaus-Dieter: Das Berliner Stadtschloss. Geschichte und Zerstörung, 2., erw. Aufl., Berlin 1993.
Schmitz, Hermann: Preussische Königsschlösser, München u. a. 1926.
Ulrich, Andreas: Palast der Republik. Ein Rückblick, München u. a. 2006.
Wiesinger, Liselotte: Deckengemälde im Berliner Schloß, Frankfurt/M., Berlin 1992.

REGISTER

Künstler
Albaccini, Carlo 140
Albrecht, C. 81
Backer, Johann Hermann 37
Barbarina siehe Campagnini, Barbara 166
Bartels, Bildhauer 139
Becherer, Friedrich Christian 51
Bega, Cornelis 106
Begas, Karl 39
Begas, Reinhold 36, 38, 39, 43
Beger, Lorenz 16
Begeyn, Abraham 16, 18
Belau, Nikolaus Bruno 88, 89
Bergmeier, Karl Albert 39
Bernewitz, Karl 39
Bernini, Gian Lorenzo 64
Biermann, Carl Eduard 148
Biller, Albrecht 97
Biller, Ludwig 97
Blaeser, Gustav 46

Blesendorf, Constantin Friedrich 24, 63
Böhme, Martin Heinrich 23, 65, 70, 76, 195
Buonarroti, Michelangelo 64
Boumann d. Ä., Johann 25, 53, 55
Broebes, Jean Baptiste 22
Campagnini, Barbara – genannt Barbarina 166
Camphausen, Wilhelm 92, 100
Cantian, Christian Gottlieb 52
Casteels 106
Cavaceppi, Bartolomeo 131
Corbinianus, Desiderius 46
Cranach d. J., Lucas 10, 11, 165
Cremer, Wilhelm 57
Cunningham, Edward Francis 139
Custos, Dominicus 12
Dähling, Heinrich 149
Dagly, Gérard 119
Damnitz, Johann 82

Decker d. Ä., Paul 24
Drake, Friedrich 46
Eggers, Bartholomäus 109, 156
Elsholtz, Johann Sigismund 48
Eosander von Göthe, Johann Friedrich 16, 19, 23, 25, 60, 65, 70, 75, 78, 86, 102–104, 106, 107, 115, 117, 158
Erdmannsdorff, Friedrich Wilhelm von 26, 128–133, 135, 136
Feff, Catherine 184
Fiedler, Johann Georg 131, 133, 135, 136, 140
Fischer, Johann 136, 140
Friedrich, Caspar David 148
Frisch, Johann Christoph 78, 135, 197
Francus, Jacobus 13
Gärtner, Eduard 46, 68, 72
Gericke, Samuel Theodor 102

Geyer, Albert 9, 10, 34, 62, 110, 126, 144, 148, 160, 165, 201
Gilly, Friedrich 51
Girardon, Francois 37
Götz, Johann 39
Gole, Jacob 14
Gontard, Carl von 26, 128, 129, 130
Graeb, Carl 111
Grünberg, Martin 82
Hanff, Michael 46
Heintzy, Cornelius 37
Herfort, Friedrich Gottlieb 37
Heyden, Adolf 31, 154
Hintze, Johann Heinrich 146
Hoppenhaupt, Johann Michael 166
Hossfeld, Friedrich Oskar 80
Hugo, A. 28
Ihne, Ernst Eberhard von 33, 40, 106, 108, 109, 112
Jacobi, Johann 37
Jürgensburg, Peter Clodt von 52
Kimpfel, Johann Christoph 142, 143
Kiss, August 71, 72
Knaus, Johann Ulrich 24
Kolbe, Wilhelm 149
Krebs, Konrad (Kunz) 10, 144
Kyllmann, Walter 31, 154
La Haye 49
La Vigne, N. 16, 17
Langerfeld, Rutger v. 106

Langhans, Carl Gotthard 27, 141, 142
Lenné, Peter Joseph 51
Lessing, Julius 154
Lessing, Otto 40, 112
Leygebe, Paul Carl 101
Lieberkühn d. Ä., Johann Christian 97
Lynar, Rochus Quirinus Graf zu 10, 12, 15, 17, 61, 69, 71, 79
Memhard[t], Johann Gregor 14, 15, 19, 20, 21, 49, 120
Menzel, Adolph v. 154
Merian, Caspar 15
Mercier d. J., Pierre 106
Merz, Johann Georg 22
Möller, Karl Heinrich 46
Naager, Franz 33
Nahl d. Ä., Johann August 148, 166
Nahl, Johann Samuel 37
Nering, Johann Arnold 17, 19, 23, 36, 69, 83
Niuron, Peter 71
Olley, Barend (Bernaert) van 33
Pesne, Antoine 18, 26, 27, 166
Raschdorff, Julius 34, 56
Rauch, Christian Daniel 55, 171
Rode, Christian Bernhard 124
Rosenberg, Johann Georg 28, 135
Schadow, Johann Gottfried 129, 132, 142, 143
Schievelbein, Hermann 46

Schinkel, Karl Friedrich 27, 30, 36, 45, 46, 51, 52, 53, 76, 143, 146, 148, 151, 156, 161, 198
Schlüter, Andreas 4, 16, 17, 19, 23, 24, 36, 37, 60, 63, 64, 65, 66, 67, 68, 69, 76, 77, 78, 81, 82, 83, 86, 87, 90, 93, 94, 96, 100, 105, 106, 123, 124, 148, 179, 190, 198, 201
Schmitz, Bruno 43
Schoppe, Julius 149
Schultz, Johann Bernhard 17
Simonetti, Giovanni 89, 123
Smid[s], Michael Mathias 40
Stilke, Hermann 149
Stridbeck d. J., Johann 19
Stüler, Friedrich August 29, 76, 100, 110, 112
Tassaert, Antoine 137
Terwesten d. Ä., Augustin 16, 89, 90, 123, 126, 154
Theiss, Caspar 10, 60, 144
Tieck, Christian Friedrich 149
Vaillant, Jacques 115
Vetter, Franz 62
Wendling, Karl 154
Wentzel, Johann Friedrich 98
Werner, Anton von 154, 201
Wichmann, Ludwig 46
Wolff, Albert 46
Wolff, Emil 46
Wolffenstein, Richard 57
Wredow, August 46

Personen

Albrecht III. Achilles, Kurfürst 10, 46
Arzt, Lothar 185
Augusta, Kaiserin 109
Auguste Viktoria, Kaiserin 143
Augustin, Frank 16, 89, 90, 123, 126, 154, 188
Bode, Wilhelm v. 36, 168, 201
Boddien, Wilhelm v. 4, 184
Bogatzky, Hans Erich 183
Campanini, Barbara 166
Christian IV., Dänischer König 13
Cürlis, Hans 172
Cürlis, Peter 172
Dohme, Robert 156, 201
Duvinage, Paul 155
Elisabeth, Königin v. Preußen 109, 143, 156, 166
Elisabeth Christine, Königin 122, 124
Falke, Otto Ritter v. 168
Friedrich, Kaiserin 109
Friedrich I., König in Preußen 16–18, 61, 74, 78, 82, 93, 94, 99, 115, 116 119, 135, 197
Friedrich II. „der Eisenzahn", Kurfürst 9, 10, 46, 144, 145
Friedrich II., der Große, König 23, 25, 27, 36, 50, 97, 124, 128, 152, 158, 166
Friedrich III., Kurfürst von Brandenburg 35, 66, 76, 157
Friedrich III., Kaiser 30
Friedrich Wilhelm, Der große Kurfürst 12, 14, 36, 46, 114
Friedrich Wilhelm I., König 23, 26, 49–51, 65, 97, 109, 110, 112, 115, 116, 119, 120, 124, 151, 158, 161
Friedrich Wilhelm II., König 26, 28–30, 124, 128, 129, 133, 136, 139, 140, 143, 145, 156
Friedrich Wilhelm III., König 27, 44, 51, 52, 113
Friedrich Wilhelm IV., König 27, 29, 30, 46, 52, 76, 86, 100, 110–112, 120, 124, 143, 145, 146, 148, 155, 156, 166
Georg Wilhelm, Kurfürst 12
Gericke, Lothar 185
Gißke, Ehrhard 183
Graffunder, Heinz 183, 185
Heinitz, Friedrich Anton v. 132
Joachim I., Kurfürst 10
Joachim II., Kurfürst 9–11, 21, 36, 144
Johann Cicero, Kurfürst 10
Johann Friedrich, Kurfürst 12, 21
Johann Georg, Kurfürst 10, 12, 13, 46, 69, 79, 90, 94, 114
Johann Sigismund, Kurfürst 12
Korn, Roland 183
Lescinsky, Stanislaus, König 151
Liebknecht, Karl 162, 183
Ludwig XV., König 135
Luise, Königin 93, 102, 109, 139
Luise Henriette, Kurfürstin 120
Marianne, Prinzessin von Preußen 33
Napoleon, Kaiser 139
Nassau, Johann Moritz von 32, 46, 120
Paulick, Richard 181, 182
Peschken, Goerd 64, 91, 106, 108, 188, 201, 202
Raumer, von, Minister 46
Roentgen, Abraham 136
Scharoun, Hans 175
Scheidemann, Philipp 162
Schubert, Wolf H. 180
Sophie Charlotte, Kurfürstin / Königin 14, 116, 124
Sophie Dorothea, Königin 124
Sophie Luise, Königin 93, 102
Stuhlemmer, Rupert 191
Stuhlemmer, York 191
Ulbricht, Walter 177, 180
Wilhelm, Kronprinz 34
Wilhelm, Prinz von Preußen 33, 143
Wilhelm I., König / Kaiser 30, 31, 43, 92, 108, 158
Wilhelm II., Kaiser 30, 32, 33, 38, 43, 62, 75, 106, 108, 112, 120, 122, 139, 145, 147, 149, 151, 154, 161, 162, 166
Wolff, Heinrich 46, 183